Guido Kasmann

Appetit auf Blutorangen

Ein Kinderroman

Buch **V**erlag **K**empen

Im BVK Buch Verlag Kempen sind weitere Romane von
Guido Kasmann erschienen:

„Das Schweigen des Grafen"
(Best.-Nr. LI14, ISBN 978-3-936577-85-3)

„Die Osterschildkröte"
(Best.-Nr. LI20, ISBN 978-3-86740-027-5)

„Hexenmüll"
(Best.-Nr. LI15, ISBN 978-3-936577-88-4)

„Kein Raumschiff im Schrank"
(Best.-Nr. LI27, ISBN 978-3-938458-83-9)

Bibliografische Information der Deutschen Bibliothek
Die Deutsche Bibliothek verzeichnet diese Publikation
in der Deutschen Nationalbibliografie;
detaillierte bibliografische Daten sind im Internet über
http://dnb.ddb.de abrufbar.

www.buchverlagkempen.de

5. Auflage, Kempen 2008
© 2003 BVK Buch Verlag Kempen e. K., Kempen

Titelbild: Peter Schnellhardt, Bad Rodach
Illustrationen: Gundra Kucy, Edmonton, Kanada
Nach der neuen deutschen Rechtschreibung

Alle Rechte dieser Ausgabe vorbehalten durch
BVK Buch Verlag Kempen e. K.

Lektorat: Sandy van der Gieth, BVK
Umschlaggestaltung: Daniela Angerhausen, BVK, unter Verwendung
der Originalillustration von Peter Schnellhardt, Bad Rodach
Layout: BVK, Kempen
Druck/Bindung: ALWO druck Arretz GmbH, D-Tönisvorst

Printed in Germany

Bestell-Nr.: LI01, ISBN 978-3-936577-56-3

**Für Anna und Jan, meine Kinder,
ohne die es Gregor und Kathi nie gegeben hätte.**

Kapitel 1

Juhuu! Buhuu!

„Juhuu! Buhuu!", machte das Gespenst. Ein Wagen mit schreienden Kindern näherte sich. Gregor von Gutenbrink aus dem Hause derer von Niederfahrenhorst auf Burg Kummerschreck schwebte über den Gleisen und winkte. Die Kinder wurden auf ihn aufmerksam.
„Da! Da vorne!", schrie ein Junge, der in der Mitte zwischen zwei größeren Mädchen saß. Alle drei kreischten und lehnten sich aus dem Wagen um das Gespenst zu berühren. Doch das hatte noch niemand geschafft. Gespenster kann man schließlich nicht anfassen. Dennoch wich Gregor den kleinen Händen, die nach ihm griffen, aus. Das erhöhte bei den Kindern den Spaß. Gregor mochte Kinder. Nur nicht das Schreien. Er hörte es den ganzen Tag, von morgens bis abends.

Er hatte Hunger. Aber da kam schon der nächste Wagen. Darin saßen ein Mann und eine Frau. Er hielt sie umschlungen. Beide schrien und lachten.
Zwei Gummigespenster wackelten an Seilen über der Fahrbahn. Gregor schwebte zwischen ihnen und schrie wieder: „Juhuu! Buhuu!"
Der Mann wies in seine Richtung: „Pass auf, die wollen uns fressen!" Die Frau lachte und kreischte.
„Nein", dachte Gregor, „das sind nicht die Richtigen." Er musste Geduld haben. Er musste weiter warten. Vielleicht im nächsten Wagen ...

Doch dann kam kein Wagen mehr. Die Gruselgestalten aus Gummi und Stoff verstummten und erstarrten in ihrer Bewegung. Für heute hatte Gregor genug herumgegeistert. Nun würde es die ganze Nacht still sein in der Geisterbahn, gespenstisch still. Nur ein einziges, einsames Gespenst würde darauf warten, dass die Nacht vorüberging und das Spuken und Erschrecken von vorne begann.

Vielleicht morgen. Vielleicht hatte er morgen Glück ...

Kapitel 2

Anfassen gilt nicht!

„Mama, gehen wir auf die Kirmes?", fragte Kathi und hüpfte ins Wohnzimmer. Während sie flüchtig Siegfried, den Kater, auf dem Kopf kraulte, schaute sie ihre Mutter erwartungsvoll an. „Mama, sag doch was!" Kathis Mutter wischte sich einen Schweißtropfen von der Stirn und schob das Sofa mit ihrem Po wieder zurück an die Wand. „Wenn wir mit dem Putzen fertig sind, überlegen wir mal. Verdammt, wo ist der Aufnehmer?" Mama schaute sich hektisch um.
„Der liegt jetzt unter dem Sofa", sagte Kathis Vater, der das Kabel vom Staubsauger abrollte.
„Nach dem Putzen ist es zu spät. Dann sagt ihr: 'Wir müssen zu Abend essen!' und 'Morgen musst du früh raus'..."
Der Rest von Kathis Einwänden ging im Quietschen der Sofabeine auf dem Fußboden und in Mamas und Papas Stöhnen beim Schieben unter.
„Lass uns jetzt!", zischte Mama unter größter Anstrengung.
Kathi verdrehte die Augen. Sie wusste, wann Argumente bei ihren Eltern nichts mehr nutzten.
„Dann frag' ich Bernd!" Bernd war Mamas „kleiner Bruder", aber Kathi fand ihn doch schon ziemlich alt, er war schließlich fast dreißig.
„Der arbeitet jetzt noch." Mama ließ sich quer auf das Sofa fallen. „Lass uns morgen gehen. Dann sind wir mit der Putzerei fertig und auch nicht so k.o."
„Es ist Freitag, da hat Bernd früher Schluss."

Kathi ging zum Telefon. Bernds Nummer konnte sie auswendig. Sie rief ihn immer an, wenn ihr langweilig war. Bernd war ihr Lieblingsonkel und hatte oft Lust, etwas mit Kathi zu unternehmen. „Er kann dich ja auch wieder abgeben, wenn es ihm zu viel wird", hatte Mama mal gesagt, aber sie hatte es nicht böse gemeint. Bernd hatte nämlich keine eigenen Kinder, aber immer eine Freundin. Jetzt hieß sie gerade Mona. Kathi hatte den Eindruck, Monas Lieblingsbeschäftigung war, ihr Gesicht mit Schminke zu bemalen.

„Ja, hallihallo! Wer da?" Bernd meldete sich immer so komisch am Telefon.

„Hallo, hier ist Kathi. Gehst du mit mir auf die Kirmes?"

„Kirmes? Hm."

„Bitte, Bernd! Ich bin in einer verzweifelten Lage. Ich habe schon alle gefragt außer dir. Und keiner hat Zeit."

„Wen hast du denn schon gefragt?"

„Mama und Papa."

„Das mit der Kirmes ist heute schwierig, Kathi. Gleich kommt Mona und wir wollen essen gehen." Oh Gott, Mona, dieser wandelnde Farbkasten!

„Auf der Kirmes kann man auch essen gehen. Viel leckerer als im Restaurant mit dem vielen Gemüse."

Bernd lachte: „Ich hätte auch Lust, auf die Kirmes zu gehen, aber ich muss erst mal Mona fragen." Er überlegte. „Pass auf! Ich ruf' sie an und wenn ich es geschafft habe, sie zu überreden, melde ich mich wieder. Okay?"

„Okay! Ich zieh' mir schon mal die Schuhe an", sagte Kathi schnell und legte auf. Kathi wusste, das war ein mieser Trick. Wenn er absagen wollte, würde er eine bereits fertig angezogene Kathi schwer enttäuschen müssen.

Kathi näherte sich dem Sofa, auf dem ihre Eltern mit ausgestreckten Beinen Arm in Arm nebeneinander saßen. Sie sehen wirklich sehr erschöpft aus, dachte Kathi. „Ich gehe mit Bernd und Mona auf die Kirmes. Er holt mich gleich ab."

„Dein Glück, dass Bernd so ein weiches Herz hat", sagte ihre Mutter.

„Vielleicht hat er nur mehr Staub unter dem Sofa."

„Witzig!", meinte Papa und schnitt eine Grimasse.

Kathi hüpfte in die Diele, um sich die Schuhe anzuziehen. Dabei überlegte sie, was wäre, wenn Mona nicht zu überreden war. Dann war die Lage allerdings ziemlich aussichtslos. Sie konnte ihren Eltern noch androhen, alleine zu gehen, was sie aber nie machen würde, weil sie viel zu schissig dafür war. Sie konnte außerdem noch ihre Oma fragen. Aber Oma würde sagen: „Kindchen, auf die Kirmes? Neenee, dazu bin ich zu alt. Wir können was spazieren gehen", aber zum Spazierengehen hatte Kathi noch nie Lust gehabt.

„Mein Gott, dauert das lange, bis Bernd seine Mona überzeugt hat", dachte Kathi. Vielleicht konnte Bernd nicht mit Mona telefonieren, weil sie ihre Ohren jetzt auch schon mit Creme und Farbe einschmierte und die noch nicht trocken waren.

Das Telefon läutete. „Endlich!", dachte Kathi. Sie raste durch die Diele ins Wohnzimmer, sprang über Papas Beine – er wischte gerade die Schrankbeine mit einem Lappen – und griff nach dem Telefonhörer.

„Also, wie lange brauchst du?"

„Zehn Minuten. Ich klingle einmal kurz und zweimal lang. Der Motor läuft, die Tür ist auf. Du springst rein.

Alles klar?"

Es war geschafft. „Kirmes, ich komme!"

Kathi brüllte ins Telefon: „Nun fahr schon! Quassel nich' so lange! Fahr endlich los!"

Kurze Zeit später saß sie in Bernds Auto. Nachdem sie Colaflaschen, Computerzeitschriften, eine leere Bonbondose und eine ziemlich nach Schweiß stinkende Sporttasche so weit an die Seite geräumt hatte, dass sie sich anschnallen konnte, fragte sie Bernd: „Wo ist Mona?"

„Die müssen wir noch abholen. Sie wollte sich noch ein bisschen schminken. Willst du wissen, wie ich sie überredet habe?"

„Eigentlich nicht!"

„Ich hab' sie nach der Kirmes in ihr Lieblingsrestaurant eingeladen." Dabei schnitt er eine Grimasse.

„Warum machst du so ein Gesicht?", fragte Kathi neugierig.

„Weil ihr Lieblingsrestaurant ein chinesisches Restaurant ist und ich mag kein chinesisches Essen."

„Oh!", sagte Kathi und Bernd tat ihr echt Leid. Aber sie hatte schon eine Lösung für Bernds Problem. „Du kannst ja mit mir auf der Kirmes essen und im chinesischen Restaurant guckst du ihr beim Essen nur zu. *Sie* will ja eigentlich chinesisch essen."

Bernd gluckste: „Eine Superidee, Kathi! Aber ich glaube, das würde Mona nicht gefallen. Und das könnte ich sogar verstehen." Bernd lachte wieder.

„Na schön, war ja nur ein Vorschlag", meinte Kathi.

Endlich waren sie vor dem Haus von Mona angelangt. „Ich springe mal schnell rauf!", sagte Bernd und war schon draußen.

„Ein Hupzeichen hätte es auch getan", dachte Kathi, „aber wahrscheinlich müssen sie sich erst einmal ausgiebig mit 'Hallo Schatz!' und 'Küsschen hier und Küsschen da', begrüßen. Na, wenn sie Spaß dran haben?! Da kommen sie ja schon." Kathi setzte ihr „Ich-bin-ein-artiges-Mädchen-Gesicht" auf und säuselte: „Hallo Mona, du hast aber heute ein besonders schönes Gesicht!"

Mona hob die Augenbrauen. „Wie meinst du das?", fragte sie mit einem Unterton in der Stimme.

Wie sollte sie das meinen? Diese Mona war eben komisch und man musste Geduld mit ihr haben.

„Na, du hast dir doch viel Mühe gemacht mit dem Schminken und so, oder nicht? Da wollte ich dir was Nettes sagen. War das falsch?" Dabei schaute sie Mona mit großen Augen an.

„Ich finde auch, du hast wirklich ein schönes Gesicht! Kathi hat Recht!", mischte sich Bernd ein. „Was machen wir zuerst auf der Kirmes? Achterbahn oder Autoskooter?"

„Beides! Immer abwechselnd! Egal in welcher Reihenfolge!" Kathi lachte und freute sich wie toll.

„Auf die Achterbahn kriegt mich keiner rauf!" Monas Stimme wurde schrill.

„Du musst ja nicht mitfahren", sagte Bernd und tätschelte ihre Wange.

„Das tue ich auch nicht. Wollt ihr wirklich Autoskooter fahren? Da ist man doch ganz schnell übersät mit blauen Flecken, weil diese halbstarken Rüpel einen immer absichtlich anrempeln."

„Ich beschütze dich vor ihnen", sagte Bernd mit tiefer Stimme. „Keiner wird sich in deine Nähe wagen oder mein Zorn soll ihn hinwegfegen!" Er lachte sie an.

„Wann sind wir endlich da?", fragte Kathi.

„Quengel nicht!", antwortete Mona. Die musste das gerade sagen!

„Ich hab' schon einen Parkplatz."

Bernd wendete mit quietschenden Reifen mitten auf der Straße und machte eine Vollbremsung. Alle wurden in die Gurte gedrückt. Bernd haute den Rückwärtsgang rein, dass es krachte und sauste schlingernd in die Parklücke. Nun wurden sie beim Bremsen in die Rückenlehne gepresst.

„Super!", jauchzte Kathi.

„Bist du wahnsinnig?", kreischte Mona. Bernd grinste nur und gab ihr einen Kuss auf die Wange.

Beim Aussteigen roch Kathi schon diesen wunderbaren, himmlischen, einzigartigen Kirmesduft. Eine Komposition aus Pommes, Popcorn, gebrannten Mandeln, Currywurst und was sonst noch.

„Herrlich, einfach herrlich!", dachte Kathi und sog tief die Luft ein.

„Mein Gott, wie das hier schon stinkt!", sagte Mona.

Kathi konnte aus dem Krach drei Songs heraushören, die sie auf ihren CDs hatte. Sie begann, ein bisschen mit den Beinen zur Musik zu wippen.

„Zappel nicht! Wir gehen ja jetzt", maulte Mona.

Kathi dachte, dass ein so netter Onkel wie Bernd so eine blöde Ziege eigentlich nicht verdient hatte ...

„Erst Fritten oder erst Karussell?", fragte Bernd unternehmungslustig.

„Wo wir zuerst dran vorbeikommen", antwortete Kathi und lief los. Bernd war einfach klasse. Sie gingen auf jedes Karussell, auf das Kathi wollte, viermal auf die Achterbahn und sechsmal fuhren sie Autoskooter. Sie kriegte eine Portion Pommes, eine Currywurst Spezial, eine Zuckerwatte, eine Tüte Popcorn und eine Banane in Schokolade.

„Na, wie wär's mit einer Tüte gebrannter Mandeln?", meinte Bernd spendabel.

„Nee, vielen Dank, Bernd. Ich kann einfach nicht mehr! Ich bin voll. Wenn ich nur ein einziges Gummibärchen esse, gibt es eine Katastrophe." Kathi rieb sich mit der Hand über den Bauch.

„Na gut, dann gehen wir jetzt auf die Riesenschaukel", sagte Bernd.

Kathi stöhnte auf. „Können wir nicht mal was Ruhiges machen?"

„Was ist los? Bist du müde? Ist dir schlecht?" Bernd war besorgt.

Er sollte nur nicht denken, sie müsste wegen des vollen Bauches nach Hause. „Nein, nein! Aber ich glaube, ich will jetzt lieber nicht auf ein Karussell."

„Na gut, gehen wir auf die Geisterbahn. Ich sehe sie schon."

„Auja!", jauchzte Kathi und nahm Bernds Hand, damit er etwas schneller ging.

Davor stand ein riesengroßer Bär, der immer wieder erzählte, dass er aus einem Urwald ausgebrochen war und Menschen jagte. Seine Stimme kam allerdings aus dem Lautsprecher neben dem Verkaufshäuschen am Eingang zur Geisterbahn.

„Na, was ist? Willst du nicht mit, Mona?", fragte Bernd. „Hast du etwa Angst?", und mit verschwörerischer Stimme: „Es ist nicht wirklich gefährlich!"

„Nein, ich warte lieber draußen", meinte Mona.

„Ach komm schon!" Bernd nahm sie in den Arm. „Mach doch wenigstens diesen Spaß mit. Wir werden uns totlachen." Bei dem Wort „totlachen" machte er

17

eine wilde Fratze und glotzte Mona an. Da musste sogar sie lachen.

„Na gut! Einmal! Ich habe übrigens Hunger!"

„Gleich danach gehen wir ja essen." Sie quetschten sich in einen Wagen. Mona in der Mitte, weil sie unbedingt neben Bernd sitzen wollte, aber auch nicht außen. Kathi war es recht. Sie freute sich schon auf die gruseligen Gesichter, die sich ihr entgegenbeugen würden, mit den funkelnden Augen und den aufgerissenen Mäulern. Außen zu sitzen machte mehr Spaß, es sei denn, man war so ein Hosenschisser wie Mona.

„Hoffentlich sind nicht wieder die Werwölfe da, die manchmal zubeißen!", sagte Bernd.

„Was?", kreischte Mona. „Ist das wahr?"

„Quatsch!", antwortete Kathi. „Die sind doch von dem frei laufenden Tyrannosaurus aufgefressen worden!"

Bernd lehnte sich zurück. „Ach ja, stimmt! Stand ja in der Zeitung."

„Ich will hier raus!", schrie Mona. Aber es war zu spät. Die Gondel war mit einem Ruck angefahren.

„Nun schrei doch nicht so, Mona! War doch nur Spaß!", brüllte Bernd gegen Monas Kreischen an.

In der ersten Kurve saß eine Riesenspinne auf einem gigantischen Netz. In dem Netz zappelten ein paar Gummipuppen, die wie Menschen aussehen sollten. Von einem Tonband hörte man sie jammern.

„Super!", schrie Kathi gegen den Lärm von Tonband und Mona an.

„Guck mal da!", schrie Bernd. In der Kurve zappelten drei Skelette mit Zylindern auf den Schädeln zu schauriger Musik. Plötzlich rückten sie weit nach vorne und es schien, als wollten sie nach Kathi und den anderen greifen. Mona schreckte zurück.

„Du quetschst mir die Luft ab!", brüllte Bernd und nahm sie in den Arm. Kathi fand die Skelette nicht schlecht.

Plötzlich ging es abwärts. Mit lautem Zischen huschten Minivampire mit langen blutigen Zähnen über ihre Köpfe hinweg. Mona duckte sich und hielt sich beide Hände vor das Gesicht. Dabei rief sie ständig: „Sind sie weg, Bernd? Sind sie weg?"

Kathi fand die Vampire schwach. Es tropfte kein Blut und sie hingen viel zu hoch. Man konnte sie noch nicht einmal anfassen. Die Vampire verschwanden, dafür tauchte Mona wieder auf.

Die nächste Gruselei waren zwei Monster hinter Gittern. Sie brüllten aus einem Lautsprecher: „Ich will Menschenfleisch! Ich will Menschenfleisch!" Kathi gefielen die Monster ganz gut. Sie hatten nur ein Auge, dicke Narben im Gesicht, eine Riesenschnauze mit schwarzen Zähnen, eine warzige Haut und bewegten sich wie Gorillas. Sie griffen durch die Gitterstäbe nach den Gondeln. Aber natürlich waren sie wieder viel zu weit weg.

„Das ist ja ekelhaft, Bernd! Wie kann man so was für Kinder genehmigen?", brüllte Mona gegen das Gelaber der Monster an.

„Es sind doch nur Gummipuppen!", sagte Bernd, aber Mona hörte gar nicht mehr zu, denn sie zeigte atemlos mit entsetztem Gesicht nach schräg vorne. Dort sah Kathi den Grund für Monas Aufregung. Mitten auf der Fahrbahn schwebten drei weiße Gespenster.

Nein, sie waren nicht richtig weiß, sie schienen irgend-

wie durchsichtig. Dahinter leuchtete ein fahles grünliches Licht, das durch die Gespenster hindurchschimmerte. Mit hohen Stimmen kreischten sie: „Juhu! Da sind sie ja! Da sind sie ja! Kommt mit auf unser Schloss. Buhu!" Sie winkten. Bernd und Kathi winkten zurück. Nun waren die Gespenster schon sehr nahe. Kathi dachte, jetzt gleich würden sie verschwinden. Sie reckte sich ein bisschen aus dem Wagen und versuchte, eins von ihnen zu packen. Da hörte sie eine Stimme, die eindeutig nicht aus irgendeinem Lautsprecher kam: „Ey, Kathi, Anfassen gilt nicht!"

Kathi zuckte mit der Hand zurück. „Echt super! Hast du das gehört, Bernd?"

„Nee! Was?" Bernd blickte sich hektisch um.

Kathi schaute nach hinten. Da sah sie, dass eines der Gespenster ihr zulächelte. Das war aber extraklasse, fand Kathi. Das Gespenst wirkte richtig echt, soweit Gespenster echt wirken konnten. Schade, dass Bernd das nicht gesehen hatte. Aber der war immer noch damit beschäftigt, Mona zu beruhigen.

Dann kamen noch ein paar Sachen, die Kathi aber gar nicht mehr beeindrucken konnten. Plötzlich wurde es wieder hell. Sie waren am Ausgangspunkt angelangt.

„Schade!", rief Kathi. Sie packte Bernds Hand und rief: „Noch mal, ja, Bernd? Noch einmal, ja?"

„Ich finde, es reicht!" Monas Stimme klang scharf. Sie machte ein Gesicht, dass man wusste, sie würde keinesfalls je wieder auf eine Geisterbahn gehen. „Außerdem habe ich immer noch Hunger! Was ein Wunder ist nach diesen ... diesen ...", sie suchte nach Worten, „ ... Ungeheuern!"

„Kathi, Mona hat Recht. Wir müssen jetzt essen gehen. Sonst wird es auch zu spät für dich." Klassisches

Argument der Erwachsenen gegenüber Kindern, wenn sie alleine sein wollen.

„Jaja!", seufzte Kathi. Sie musste unbedingt noch einmal dieses Gespenst sehen.

„Bernd, ich schwöre: Noch einmal auf die Geisterbahn und ich lasse mich wortlos von euch nach Hause bringen."

Dabei setzte sie ihren „Ich-bin-ein-liebes-Mädchen-Blick" auf, der eigentlich bei Bernd fast immer Erfolg brachte.

„Wortlos?", knurrte Mona. „Das wäre wirklich ein Ereignis!"

„Okay!", gab Bernd direkt nach. „Einmal noch und dann geht es ab nach Hause."

Bernd und Kathi fuhren jetzt alleine. Während sie sich noch einmal Spinnen, Skelette und Monster ansahen, erzählte Kathi von den Gespenstern. „Du musst auf das kleine Gespenst achten. Es sagt sogar deinen Namen, wenn du es ansprichst."

„Das ist ja wirklich toll! Kann es auch Pfötchen geben?" Bernd lachte über seinen Scherz.

Natürlich, Bernd glaubte ihr nicht. Er würde ja sehen. Endlich tauchten die Gespenster vor ihnen auf den Gleisen auf. Sie machten wieder ihr „Juhu" und „Buhu". Aber was war das? Nun waren es nur zwei.

Verzweifelt hielt Kathi nach dem kleinen Gespenst Ausschau, das ihren Namen gesagt hatte. Es war nirgendwo zu entdecken.

„Wo ist denn dieses höfliche Gespenst?" Bernd schaute sich übertrieben eifrig um. „Die anderen fand ich ja nicht so freundlich." Dann lachte er und schlug Kathi auf die Schulter.

„Aber eben waren es doch drei!"

„Das dritte macht sicher Pause", sagte Bernd und lachte wieder.

Kathi drehte sich nach den Gespenstern um, doch niemand winkte ihr zu. Hatte sie eben geträumt? „Quatsch", dachte sie. „Natürlich ist da eben noch ein Gespenst gewesen. Es war kleiner als die anderen. Etwas größer als eine Flasche Limonade. Aber jetzt ist es weg! Schade. Es war eine echte Sensation. Es hat so lebendig ausgesehen. Wirklich schade!"

„Was machst du denn für ein Gesicht?", fragte Bernd und streichelte ihr über den Kopf, als sie die Geisterbahn wieder verlassen hatten. Kathi war enttäuscht. Wieso war das dritte Gespenst nicht mehr da?

„Natürlich ist es immer noch nicht genug!", keifte Mona. „Sie ist eben verwöhnt. Sie kann nie genug kriegen!"

„Du bist doch selber verwöhnt!", sagte eine Stimme, die wie die von Kathi klang. Mona und Bernd schauten Kathi entgeistert an.

„Werd mal nicht frech, Kathi!", schimpfte Mona.

„Ich hab' doch gar nichts gesagt." Kathi war verwirrt.

„Also Kathi!" Bernd schüttelte vorwurfsvoll den Kopf, dann wandte er sich an Mona: „Nun hör doch mal auf mit der Schimpferei! Wir bringen sie ja jetzt nach Hause."

Sie erreichten das Auto. Kathi stieg als Erste ein. Von draußen hörte sie Monas Stimme, die sagte: „Nun drück mal richtig auf die Tube!" In diesem Moment stieg Mona ein und Bernd fragte: „Was hast du gesagt, Schatz?"

„Ich? Ich hab' nichts gesagt. Wieso?"

Bernd starrte sie kurz an, zuckte dann mit den Schul-

23

tern und fuhr mit quietschenden Reifen los. Mona stöhnte und Bernd schüttelte verwirrt den Kopf.

Als sie vor Kathis Haustüre zum Stehen kamen, raunte ihr Bernd zu: „Und wehe, du erzählst deiner Mutter, wie viel süßes Zeug du heute auf der Kirmes gegessen hast!"

„Bin ich verrückt? Danach lässt sie mich nie wieder mit dir alleine!" Sie reckte sich nach vorne und gab Bernd einen Kuss auf die Wange.

„Es war super! Tschüss, Mona!"

„Tschüss, Kathi!"

Sie winkte ihnen noch nach und klingelte. Ihre Mutter öffnete die Tür. „Da bist du ja! Ich habe gerade Abendbrot gemacht. Wasch dir die Hände und setz dich!"

Kathi rannte ins Esszimmer und sprang ihrem Vater auf den Schoß.

„Na, Mäuschen, wie war's mit Bernd auf der Kirmes?"

„Natürlich spitzenklasse!"

„Dann bist du ja bestimmt auch satt."

„Na ja, aber ich hab' fast nichts gegessen. Bernd war richtig geizig. Er hat gesagt, sonst schimpft Mama, wenn er mir dauernd Fritten und Würstchen und Popcorn und Zuckerwatte und ..."

„Schon gut! Iss wenigstens einen Apfel, um deine Mutter zu versöhnen."

Kathi nahm sich einen aus der Schale auf dem Tisch.

Ihre Mutter schaute nur kurz auf den Apfel und verzog das Gesicht. „Na, magst du den auch ohne Schokolade drum herum?" Dann lächelte sie. Natürlich wusste sie Bescheid.

„Was gibt's Neues auf der Kirmes?", fragte ihr Vater.

„Eine superscharfe Geisterbahn!", antwortete Kathi direkt. „Zum Totlachen."

„Zum Totlachen?", ihre Mutter staunte. „Ich dachte, man soll sich da zu Tode erschrecken."

„Ja, aber nur Mona!", sagte Kathi und verdrehte die Augen.

Ihr Vater lachte. „Du magst Mona nicht besonders, was?"

„Ich finde, sie ist eine quengelige Kuh. Ich verstehe gar nicht, warum Bernd sie so nett findet."

„Du findest, Bernd sollte dich heiraten, was?", sagte ihre Mutter.

„Mama, man kann seinen Onkel nicht heiraten!"

„Oh, entschuldige, das hatte ich ganz vergessen." Alle lachten.

Als Kathi ihren Apfel aufgegessen hatte, kam der unausweichliche Spruch ihrer Mutter: „Ab nach oben, ausziehen, Zähne putzen, ratzen!"

Kathi schlurfte die Treppe hinauf. In ihrem Zimmer zog sie sich aus. Von draußen hörte sie die Stimme ihrer Mutter: „Vergiss das mit dem Zähneputzen! Du bist viel zu müde!"

Hey, was war mit ihrer Mutter los? Sie brüllte nach unten: „Aber ich hab' doch Süßigkeiten gegessen!"

„Das habe ich mir schon gedacht!", rief ihre Mutter zurück. Na schön, dann putzte sie ihre Zähne eben nicht. Sie war ja wirklich auch sehr müde. Gähnend legte sie sich ins Bett, schnappte sich Willi, ihren Lieblingsstoffhasen und deckte ihn mit ihrer Decke zu.

Dann rief sie: „Ich bin fertig!"

Schon hörte sie ihre Mutter die Treppe heraufkommen. „Na, meine Liebe! Du bist aber schnell im Bett! So ein Ausflug mit Bernd ist nicht von Pappe, was?"

„Bernd ist einfach super! Er kann machen, dass die Reifen von seinem Auto quietschen."

„Hm!", machte die Mutter. „Hast du denn auch die Zähne geputzt?"

„Was?"

„Vielleicht solltest du dir auch die Ohren putzen? Ich habe gefragt, ob du die Zähne geputzt hast!" Ihre Mutter sprach jetzt sehr laut.

„Ich bin nicht schwerhörig, Mama. Du hast doch gesagt, ich brauche nicht die Zähne zu putzen."

„Quatsch! Warum sollte ich denn so was Blödes sagen?"

„So blöd fand ich das gar nicht, aber gewundert habe ich mich schon." Kathi war durcheinander. Hatte sie irgendwelche Erscheinungen? Erst sah sie Gespenster, die kein anderer sah, dann hörte sie Wörter, die keiner gesagt hatte.

„Also hast du sie nicht geputzt!" Ihre Mutter klang vorwurfsvoll. „Dann aber dalli!"

„Diskutieren hat keinen Zweck", dachte Kathi und watschelte schlaftrunken ins Badezimmer.

Sie schrubbte ihre Zähne sorgfältig.

Papas Stimme drang ins Bad: „Mit meinem Auto kann ich die Reifen viel lauter quietschen lassen als Bernd – bis sie qualmen! Ich zeig's dir mal!"

Sie ging zurück in ihr Zimmer und legte sich ins Bett. Ihr Vater kam die Treppe herauf.

„Na, du kleine Maus, alles bettfertig bei dir?", fragte er und setzte sich auf die Bettkante.

„Klar!"

„Schlaf schön!" Er gab ihr einen Kuss auf die Stirn.

„Zeigst du's mir morgen, Papa?"

„Was soll ich dir morgen zeigen, Schatz?" Er deckte sie zu.

„Na, die quietschenden Reifen."

„Wie bitte? Was soll ich dir zeigen? Quietschende Reifen?"

Kathi war verzweifelt: „Hast du denn nicht eben ins Badezimmer gerufen, du könntest die Reifen quietschen lassen, bis sie qualmen?" Kathi flehte, dass sie richtig gehört hatte. Aber es war ja eigentlich klar, dass ihr Vater nicht so einen Unfug machen würde wie Bernd.

„Ich glaube, du träumst schon ein bisschen. Mach jetzt die Augen zu, mein Liebes!" Er streichelte ihr zärtlich über das Haar. „Vielleicht machen wir morgen einen Ausflug."

„Auja, Papa!"

„Nun schlaf schön!" Er erhob sich langsam von der Bettkante.

„Papa, tust du mir einen Gefallen?"

„Ich kann keine Geschichte mehr vorlesen, Kathi. Dafür ist es zu spät."

„Nein, nein! Du sollst bloß aufschreiben, dass wir morgen einen Ausflug machen."

„Warum das denn? Traust du mir nicht mehr?"

Mit leiser Stimme sagte sie: „Doch, dir schon! Aber meinen Ohren nicht mehr."

Während ihr Vater etwas auf ein Papier an ihrem Schreibtisch schrieb, kam Siegfried angeschlichen. In der Tür blieb er stehen, miaute mehrmals und drehte um. Wenn Siegfried noch nicht mal in ihrem Bett schlafen wollte, stimmte wirklich etwas nicht mit ihr. Oder mit Siegfried? Sie konnte nicht zu Ende denken, denn sie war schon eingeschlafen.

Kapitel 3

Ich will dich fressen!

Als Kathi am Morgen aufwachte, waren ihre ersten Gedanken: „Heute ist keine Schule und wir machen einen Ausflug."
Sie reckte sich, hob Willi vom Boden auf, kuschelte sich mit ihm unter die Decke und überlegte, wohin der Ausflug gehen könnte. Ins Schwimmbad? In den Zoo? Eine Radtour mit Picknick?
Plötzlich fiel ihr ein, dass sie ihren Vater gebeten hatte, es aufzuschreiben. Jetzt fiel ihr auch wieder ein, warum. „Das war ja ein komischer Tag gestern", dachte sie. Dauernd hatte sie jemanden etwas sagen hören, was der dann angeblich doch nicht gesagt hatte. Sie sprang auf und hechtete zu ihrem Schreibtisch. Da lag der Zettel. Alles klar! Diesmal war es keine Einbildung. Schnell kroch sie wieder ins Bett zurück und las die Nachricht:

Liebe Kathi,
morgen machen wir einen Ausflug und du bestimmst, wo es hingeht.
Dein Papa

Sie würden also wirklich etwas unternehmen und sie durfte selber Vorschläge machen.

Hauptsache, sie hatte es sich nicht nur eingebildet.

Sie hörte Siegfried schnurren. Hatte er es sich doch noch anders überlegt und in ihrem Zimmer übernachtet, wie er das eigentlich sonst immer tat?

„Siegfried, Siegfried!", rief sie und schaute sich um. Wahrscheinlich war er wieder unter ihrem Bett. Jedenfalls irgendwo, wo es warm war.

Sie schaute nach. Nein, unter dem Bett war er nicht.

Da hörte sie ihre Mutter unten in der Küche schimpfen: „Siegfried, gehst du wohl runter vom Tisch! Ich mach' dir Beine!"

Aha, Siegfried war unten in der Küche und hatte wieder versucht, etwas vom Frühstückstisch zu klauen. Sie musste sich also verhört haben.

Kathi öffnete ihre Türe und schrie runter: „Mama, lass Siegfried in Ruhe!"

Sie hörte ihren Vater antworten: „Mama ist auf dem Markt, einkaufen! Komm runter, Frühstück ist fertig!"

Außerdem vernahm sie noch ein leises glucksendes Lachen irgendwo hinter ihr im Zimmer ... Oder kam es von unten?

„Papa, lachst du so komisch?"

„Wer, ich und lachen? Ich hab' nichts zu lachen, das weißt du doch. Kommst du runter?"

Das war ja hier zum Verrücktwerden: Sie hörte den Kater im Zimmer, der aber unten auf dem Küchentisch herumlief. Er wurde gerade von ihrer Mutter ausgeschimpft, die auf dem Markt einkaufen war. In ihrem Zimmer lachte jemand, der nicht ihr Vater war.

„Papa", brüllte sie nach unten, „komm mal ganz schnell ans Geländer!"

„Was ist denn, Mäuschen?" Er schaute nach oben.
Na, Papa war jedenfalls da.
„Du hast wirklich nicht gelacht?", fragte sie noch mal,
aber sie wusste die Antwort. „Papa, in meinem Zimmer ist jemand, der lacht ganz komisch."
„In deinem Zimmer? Das kann nur Willi sein!", rief er
und drehte schon wieder ab, Richtung Küche.
Das fand ihr Vater sicher wieder wahnsinnig witzig. Er
lachte unten immer noch in der Küche und es war eindeutig ihr Vater, der da Spaß hatte. Er wusste natürlich
genauso gut wie sie selbst, dass Stoffhasen nicht
wirklich lachen können, noch nicht mal reden.
Sie überlegte. Wahrscheinlich war sie noch nicht ganz
wach. Diese Kirmesaktion war einfach zu viel für sie
gewesen. Sie würde sich wieder ins Bett legen und
ausschlafen. Genau! Sie machte kehrt und knallte die
Türe hinter sich zu. Im gleichen Moment war ganz laut
und deutlich ein glucksendes Lachen zu hören. Sie
schaute zum Bett und da sah sie es.
Es saß oder hockte oder stand. Man konnte das nicht
erkennen. Es hielt Willi im Arm und mit der anderen
Hand klatschte es immer wieder auf die Bettdecke.
Dabei bog und krümmte es sich vor Lachen. Es hatte
noch gar nicht bemerkt, dass es von Kathi ziemlich
verblüfft angestarrt wurde.
„Ich habe gar keine Angst", dachte Kathi verwundert.
„Da ist ein kleines Gespenst auf meinem Bett, lacht
sich kringelig und ich habe gar keine Angst. Ich könnte nach Papa rufen. Ich könnte einfach um Hilfe
schreien. Ich könnte rauslaufen ..."
Aber Kathi stand nur da. Natürlich hatte sie das Gespenst gleich wiedererkannt. Es hatte ihr in der Geisterbahn zugewunken. Und schon da hatte sie keine

Angst gehabt. Warum sollte sie sich also jetzt fürchten? Na ja, immerhin war ihr Zimmer nicht die Geisterbahn.

Kathi stemmte die Hände in die Hüften und sagte: „Bist du bald fertig mit deiner Kicherei? Und würdest du außerdem die Freundlichkeit besitzen, aus meinem Bett zu verschwinden? Da will ich nämlich wieder rein. Mir wird langsam kalt."

Das kleine Gespenst hörte sofort auf zu lachen und schaute Kathi freundlich an.

„Oh, entschuldigen Sie!", entgegnete es. „Ich habe Sie nicht kommen hören."

Dabei sprang es vom Bett auf den kleinen Tisch daneben, machte einen Diener und sagte: „Meine verehrte Kathi, bitte entschuldigen Sie untertänigst mein unangemeldetes Eindringen in Ihre erlauchten Gemächer. Die Umstände erlauben es nicht, mich standesgemäß vorstellen zu lassen. Deshalb erweist Ihnen Gregor von Gutenbrink aus dem Hause derer von Niederfahrenhorst auf Burg Kummerschreck die Ehre seiner überraschenden Anwesenheit."

Es machte wieder eine Bewegung mit dem Kopf fast bis zum Boden und fuchtelte dabei mit den Händen in der Luft herum.

Kathi war platt. „Genau, eine überraschende Anwesenheit, das finde ich auch. Von dem Rest habe ich ehrlich gesagt nicht so viel verstanden." Sie ging zu ihrem Bett, griff nach Willi und warf die Decke über ihre Beine. „Also, du heißt Gregor. Darf ich dich Gregor nennen?"

„Es wäre mir eine außerordentliche Ehre, wenn Sie die Güte hätten, dies ..."

„Okay, Gregor!", unterbrach Kathi. „Ich kenne dich. Du warst auf der Geisterbahn gestern. Wieso bist du hier, hier in meinem Zimmer? Und red Klartext! Ich meine, drück dich bitte verständlich aus, wenn's geht!"

„Gern! Ich habe mich unter deiner Jacke versteckt, bis wir bei dir zu Hause waren. Dann habe ich in aller Bescheidenheit eine Schlafstatt in deinem Gemach gefunden."

„Gemach?"

„Äh ... Zimmer."

„Unter meiner Jacke?", wiederholte Kathi ungläubig. „Das habe ich aber gar nicht gemerkt."

„Das konntest du auch nicht merken. Gespenster kann man selbstverständlich nicht anfassen. Ich bestehe ja nicht aus Fleisch und Knochen und Muskeln wie du."

„Ach ja, natürlich!", nickte Kathi. Sie wusste nicht viel über Gespenster, aber das war einleuchtend. Gespenster konnten schließlich auch durch Wände gehen. Außerdem hatte Kathi schon einige spannende und lustige Bücher gelesen, in denen Gespenster vorkamen. Und die waren meistens nicht bösartig, erinnerte sie sich beruhigt.

„Aber das erklärt noch nicht, warum du dich unter meiner Jacke versteckt hast."

„Sonst hätte man mich doch gesehen!", Gregor schaute vorwurfsvoll.

„Ah nein! Du verstehst mich nicht." Kathi war genervt. War dieses Gespenst ein bisschen begriffsstutzig? „Ich meine, warum bist du von der Kirmes weggegangen? Bist du geflohen oder machst du Ferien oder was?"

Gregors Gesicht wurde traurig.

Er starrte auf die Tischplatte und begann: „Ich konnte es nicht mehr auf der Kirmes aushalten. Stundenlang, tagelang immer nur 'Juhuu! Buhuu!' machen, das ist schrecklich. Das kannst du dir nicht vorstellen ... Und immer den ganzen Tag das Kreischen von den Leuten, wenn man sie erschreckt. Und immer die gleichen blöden Sprüche vom Tonband: 'Ich will dich fressen! Ich will dich fressen!' Und ein Knallen und Krachen, furchtbar, einfach furchtbar!"

Gregor seufzte.

Kathi versuchte sich vorzustellen, wie das sein musste, den ganzen Tag Leute zu erschrecken und sich von Nervensägen wie Mona ins Ohr kreischen zu lassen. Ihr fiel ein, dass sie selber immer versuchte, die Gespenster in der Geisterbahn anzufassen, und sie nahm sich vor, das auf jeden Fall in Zukunft zu lassen. Dann kam ihr plötzlich ein Gedanke. „Ich habe gedacht, diese Figuren auf der Geisterbahn wären aus Plastik und Gummi. Ich hätte ja nie gedacht, dass das echte Gespenster sind."

Gregor lachte kurz auf, aber es klang nicht fröhlich. „Na, so viel ich weiß, bin ich auch das einzige echte Gespenst auf der Kirmes."

Es war wieder ganz still. Keiner sagte etwas. Da war ein Geheimnis um Gregor. Aber Kathi mochte keine Geheimnisse. Sie wollte alles immer ganz genau wissen, am besten sofort.

„Hast du nicht eben was von einer Burg gesagt? Und echte Gespenster leben doch immer auf einer Burg. Wieso treibst du dich auf einer Kirmes rum?"

Gregor nickte vor sich hin: „Das ist eine lange Geschichte. Willst du sie hören?"

35

Statt einer Antwort rückte sie ein bisschen zur Seite und winkte Gregor. Der schwebte zu ihr hinüber und ließ sich auf dem Bett nieder. Kathi lehnte sich gemütlich an die Wand. Dabei beobachtete sie Gregor. Er war nur zwei Handbreit groß, ganz weiß, mit einem grünlichen Schimmer. Ein bisschen hatte sie auch den Eindruck, er wäre durchsichtig, obwohl man den Schrank direkt hinter ihm nicht deutlich sehen konnte. Weil das weiße Gewand – oder was das war – bis zum Boden ging, konnte sie nicht erkennen, ob er Beine und Füße hatte. Am Ende seiner Ärmchen hatte er Hände mit jeweils vier Fingern. Die Finger waren ganz glatt und er hatte selbstverständlich auch keine Fingernägel. Das Schönste an Gregor waren seine Augen, ganz tiefbraun oder vielleicht schon schwarz. Er schaute listig und lustig, aber auch voller Wärme aus diesen Augen.

Gregor begann seine Geschichte: „Seit ewigen Zeiten war ich das Burggespenst auf Kummerschreck. Es war eine schöne und ruhige Zeit. Ich habe ein bisschen gepoltert, nachts Burggäste erschreckt, eben das Gespensterdasein genossen. Das ging viele hundert Jahre gut. Doch die Zeiten änderten sich. Obwohl ich herumgeisterte wie immer, kamen die Menschen nicht mehr auf die Idee, dass es spuken könnte. Ich strengte mich noch mehr an, aber es half nichts.
Beim Nachmittagstee erzählten sich die Menschen Geschichten von Vögeln aus Eisen oder von Kutschen, die auch ohne Pferde fuhren, und solche Sachen. Heute weiß ich, sie redeten von Flugzeugen und Autos. Aber ich dachte damals, dass die Zeit der Gespenster wohl vorbei sei, wenn die Menschen schon

36

selber unheimliche Dinge taten. Ich kam zu dem Schluss, es sei Zeit, sich einen anderen Platz zum Gruseln zu suchen.

Eines Tages – genauer gesagt: eines Nachts – verließ ich voller Trauer meine geliebte Burg Kummerschreck, um in der Welt ein neues Zuhause zu finden. Nach wochenlangem Herumirren in der neuen Welt traf ich auf eine Kirmes. Auf der Suche nach einem Platz zum Ausruhen landete ich ausgerechnet in einer Geisterbahn. Ich staunte schon, warum die Menschen nicht mehr an Gespenster glaubten, aber Geld bezahlten, um sich von Gummigespensterpuppen erschrecken zu lassen. Weil es mich aber wenigstens ein kleines bisschen an meine alte Burg erinnerte, blieb ich da. Aus lauter Langeweile begann ich, für die Kinder zu spuken. Irgendwann habe ich mir die Menschen in der Geisterbahn genauer angesehen, ob da nicht jemand war, den ich nett finden könnte. Und wenn ich einen Menschen nett fand, habe ich ihn angesprochen. Aber alle haben dann nur um so lauter geschrien. Es war schrecklich. Sie hatten natürlich Angst vor mir."

Gregor hielt inne.

Kathi fand, er sah wirklich sehr traurig aus. Aber auch sie wusste, wie es war, wenn man mit jemandem reden wollte, weil man ihn nett fand, und der dann nur schreiend davonlief.

„In meiner Klasse ist ein Junge, Thorsten heißt er, den finde ich ganz nett. Aber wenn ich mit ihm quatschen will, rennt er immer zu den anderen Jungs und brüllt: 'Oje, ein Mädchen hat mich angesprochen. Ich bin verhext!' oder irgendeinen anderen Schwachsinn. Die Jungs in meiner Klasse haben nämlich einen Schwur getan, nicht mit uns Mädchen zu reden."

Gregor war sehr erstaunt. „Das ist ja wirklich ein idiotischer Schwur!", sagte er.

Kurze Zeit war Stille in Kathis Zimmer. Gregor und Kathi hingen ihren eigenen Gedanken nach.

„Na, und wie ging's weiter, Gregor? Erzähl doch!"

Gregor fuhr fort: „Na ja, eines Tages saß ein kleines Mädchen in einem Geisterwagen und ich fand es sofort ganz süß. Ich habe es angesprochen und es hat nicht geschrien. Ich war so glücklich. Es hatte sich sogar noch umgedreht und mir zugewunken. Dann war es wieder verschwunden. Doch schon nach kurzer Zeit saß es wieder in einem Wagen. Mir war klar, jetzt musste ich handeln. Ich schwebte also hinterher und versteckte mich unter seiner Jacke. Du weißt ja, wer das Mädchen war ..."

„Wahnsinn!", rief Kathi aus. Mehr fiel ihr nicht ein. Sie hatte ein echtes Gespenst aus der Geisterbahn in ihrem Zimmer. Wenn sie das Tina, ihrer Freundin, erzählte ... Ach was, das glaubte ihr ja sowieso keiner. Es war auch besser, sie behielt das Geheimnis für sich.

„Kathi, wann kommst du endlich?", hörte sie ihren Vater von unten rufen. „Gleich kommt Mama zurück und dann wollen wir doch unseren Ausflug machen. Du musst noch frühstücken!"

Gregor rief mit Kathis Stimme hinunter: „Ich muss mich noch duschen!"

Kathi tippte sich an die Stirn: „Bist du bekloppt? Ich hab' doch keine Lust zum Duschen!" Dann machte sie riesige Augen. „Das war ja meine Stimme! Du kannst meine Stimme nachahmen!"

„Ich kann jede Stimme nachahmen."

„Na, dann wird mir ja vieles klar!" Kathi klatschte sich mit ihrer Hand gegen ihre Stirn. Weiter kam sie nicht. Ihr Vater rief wieder von unten: „Wie, du willst freiwillig duschen? Hast du Fieber?"

Gregor lachte glucksend.

Kathi rief hinunter: „Ach Quatsch! Ich hab Spaß gemacht! Ich komme gleich! Ich finde nur meine Socken nicht!"

„Das klingt schon normaler!", rief ihr Vater.

„Du kannst Stimmen nachahmen!", wandte sie sich wieder an Gregor. „Du hast die Stimmen von Mona und von Mama und Papa nachgemacht! Wahnsinn! Wahnsinn! Wieso kannst du das? Können das alle Gespenster?"

„Also alle Gespenster können rumgeistern", antwortete Gregor. „Aber jede Geisterfamilie hat besondere Fähigkeiten. Ich kenne eine Familie, die kann mit Steinen reden. Tolle Sache! Du glaubst nicht, was Steine so alles zu erzählen haben ... Oder eine andere kann mit einem Blick Gemüse nach Marzipan schmecken lassen."

„Super! Kannst du das auch?", fragte Kathi dazwischen.

„Nein, leider nicht, denn wir Gespenster besitzen unsere Fähigkeiten seit Tausenden von Jahren. Wir können daran auch nichts ändern. Es ist sozusagen unser Familienerbe. Aber ich kann nicht nur alle Stimmen nachahmen, sondern alle Sprachen verstehen und sprechen, auch die von Tieren."

„Also auch die von Siegfried? Und du kannst mit Siegfried reden?"

„Kathi, ich werde langsam sauer!", kam es wieder aus der Küche.

„Ja, Papa!", rief Kathi zurück und zu Gregor gewandt: „Wir machen heute einen Ausflug und du kommst mit!" Sie begann sich anzuziehen.

„Wohin macht ihr denn den Ausflug?"

„Weiß ich auch noch nicht. Ich darf es mir aussuchen. Aber bis jetzt, hatte ich ja noch keine Zeit, darüber nachzudenken. Wozu hast du denn Lust?"

„Wir könnten doch ein paar Burgen in der Umgebung besichtigen", überlegte Gregor.

„Burgen besichtigen? Du lieber Himmel! Das ist ja wohl das Langweiligste, was es gibt! Da können wir ja gleich ins Museum gehen! Oder Anglern beim Angeln zugucken!" Kathi zog sich den Pulli über den Kopf.

„Ich finde Burgen sehr interessant", antwortete Gregor mit der Stimme ihres Vaters. Kathi musste lachen.

„Ich weiß noch nicht, was ich heute am besten finde ... Vielleicht in den Zoo? Da war ich lange nicht mehr", überlegte Kathi.

Kathi war nun endlich fertig angezogen. „Los, komm unter meinen Pulli! Wir gehen frühstücken."

Dann stutzte sie: „Hast du überhaupt Hunger? Ich meine, was essen Gespenster? Essen Gespenster überhaupt irgendwas?"

„Natürlich!", antwortete Gregor. „Wir ernähren uns von Blutorangen."

„Blutorangen? Oh!", machte Kathi und Gregor verschwand unter ihrem Lieblingspulli.

Kapitel 4

Dreimal Blutorange

Kathi hüpfte die Treppe hinunter. Sie ließ sich auf einen Küchenstuhl fallen und suchte mit den Augen den Tisch ab.
„Papa, haben wir keine Blutorangen? Ich habe so eine Lust auf Blutorangen!"
„Blutorangen? Bestimmt nicht gelbe Orangen?"
Ihr Vater setzte eine ernste Miene auf. „Die Dame wünscht Blutorangen! Sehr wohl! Leider sind die Blutorangen derzeit ausgegangen. Wünschen Mylady vielleicht stattdessen Toast mit Nutella?"
„Na gut! Wirklich schade, dass wir keine Blutorangen haben …"
„Aber mein Liebling, hätten wir gewusst, wie wichtig für dich heute Morgen Blutorangen sein würden, wir wären geflogen, welche zu besorgen!" Ihr Vater konnte sich das Grinsen nicht verkneifen. „Wieso willst du plötzlich Blutorangen?"
„Na, weil sie gesund sind. Soll ich keine gesunden Sachen essen, Papa?" Statt einer Antwort nahm ihr Vater das Nutella-Glas vom Tisch.
„Hey, wo willst du mit dem Nutella hin?"
„Ich wollte die ungesunden Sachen vom Tisch nehmen."
„Aber doch nicht alle." Kathi seufzte. „Wir können ja für den Ausflug noch ein paar Blutorangen kaufen."
„Sicher! Wohin soll der Ausflug denn gehen? Hast du dich entschieden?"
„Ja", sagte Kathi mit vollem Mund, „wir gehen in den

41

Zoo. Da waren wir lange nicht mehr." Ein paar Toast-
bröckchen flogen über den Tisch. Papa beobachtete,
wo sie landeten und verzog das Gesicht.

„Prima", sagte ihr Vater, „und da schauen wir uns die
Hamster an."

„Wieso die Hamster?"

„Weil die auch ihr Essen in den Backentaschen sam-
meln."

„Witzig, Papa!"

„Hallo, ihr Süßen!" Mama stand in der Tür. „Na, was
machen wir heute Schönes?"

Sie gab Kathi einen Kuss auf die Stirn und Papa einen
auf den Mund.

„Wir gehen in den Zoo, Hamster angucken", antwortete Papa.

„Was?"

Kathi rollte mit den Augen und ergänzte: „Und Papa
freut sich schon, wenn er seine Verwandten auf dem
Affenfelsen wiedersieht!"

„Kathi!" Mama konnte solche Sprüche nicht leiden,
weder von Kathi noch von Papa.

„Jedenfalls finde ich 'Zoo' auch gut. Und es ist schönes Wetter. Da spendiert dein Vater sicher noch ein
Eis." Sie räumte die Tüten aus.

„Hat jemand Lust auf Blutorangen? Die gab's auf dem
Markt."

Kathi und ihr Vater glotzten sie an.

„Was starrt ihr mich so an? Ihr braucht keine zu essen,
wenn ihr nicht wollt! Ich ess' die gerne selber."

„Oh, ist schon okay!", sagte Kathi so beiläufig wie
möglich. „Nimm welche mit auf den Ausflug, ja?"

„Na schön! Von mir aus können wir los!", meinte Mama.

Während Kathi und ihr Vater sich die Schuhe anzogen, packte Mama noch ein paar Blutorangen und andere Früchte in einen Rucksack. Als sich Kathi und Papa die Jacken anzogen, kramte Mama noch eine Tafel Schokolade und eine Tüte Fruchtbonbons aus der Schublade. Schon standen die beiden in der Tür, da füllte Mama noch zwei Trinkflaschen mit Saft.

„Mama, nun mach doch endlich! Warum dauert das denn so lange?", stöhnte Kathi.

„Auf deine Mutter muss man immer warten. Es ist zum Verrücktwerden!"

„Ohne mich würdet ihr verhungern und verdursten! Was steht ihr da herum? Kommt endlich!"

Kurze Zeit später erreichten sie den Zoo. Papa fluchte, weil er glaubte, keinen Parkplatz mehr zu finden, denn es sei schon so spät, und Mama meinte, ob er damit sagen wolle, sie sei das schuld, weil sie den Rucksack gepackt habe. Papa meinte, er wolle damit gar nichts sagen und sie sei auch nicht die einzige Frau in der Familie, auf die man dauernd warten müsse, denn er habe bereits auf Kathi am Frühstückstisch warten müssen. Mama meinte, er solle ruhig sagen, sie sei schuld, dass ihre gemeinsame Tochter morgens nicht aus dem Bett komme. Papa meinte, sie nähme ihm die Worte aus dem Mund. Woher sie bloß immer wüsste, was er sagen wolle? Mama meinte, sie sei keine Hellseherin, aber in zehn langen, leidvollen Jahren Ehe habe sie das gelernt. Papa fragte, ob es denn so schlimm gewesen sei. Oh, sie könne sich durchaus an einen schönen Moment erinnern, aber leider nicht mehr so ganz genau ...

Kathi verdrehte die Augen. Das fing ja gut an. Dieses

Spielchen konnten Mama und Papa stundenlang spielen. Es war allerdings kein lustiges Spielchen, denn immer, wenn sie selber etwas sagen wollte, zischte Mama oder Papa: „Moment, Kathi, deine Eltern besprechen etwas Wichtiges!"

„Da vorne neben dem grünen Kombi ist ein Parkplatz!"

„Was? Wo?" Papa wurde hektisch.

„Du hast aber gut aufgepasst, Schatz!", sagte Mama.

Kathi hatte gar nichts gesagt.

Gregor saß auf ihrem Schoß, schaute neugierig aus dem Fenster und grinste.

Kathi kannte sich im Zoo gut aus und hüpfte sofort los. Kurz schaute sie den Kamelen beim Kauen zu, dann drängte sie ihre Eltern, zuerst einmal mit ihr in den Streichelzoo zu gehen. Gregor meldete sich leise: „Ob es wohl möglich wäre, eine Blutorange zu bekommen? Ich werde verrückt vor Hunger."

„Ich habe Hunger!", sagte Kathi laut.

„Willst du einen Apfel?", fragte Mama, während sie den Rucksack öffnete.

„Du lieber Himmel! Wir sind kaum unterwegs, da muss schon gefuttert werden! Typisch!" Papa war genervt.

„Nee, eine Blutorange", antwortete Kathi, ohne auf ihren Vater zu achten.

„Ach, jetzt auf einmal. Aber erst mal doof aus der Wäsche gucken, wenn ich welche vom Markt mitbringe."

Sie setzten sich auf eine Bank, weil Mama die Orange erst schälen musste. Kathi fiel ein, dass sie gar nicht wusste, ob Gespenster Blutorangen mit Schale aßen oder ohne, ob sie nur den Saft brauchten oder für sie die Kerne giftig waren ...

„Komm, ich schieb' sie dir in den Mund", sagte Mama,

„sonst hast du gleich klebrige Finger."

„Nein, Mama!", wehrte Kathi ab.

„Hast du bemerkt, dass deine Tochter kein Baby mehr ist und in der Öffentlichkeit nicht mehr gefüttert werden will?" Papa schaute vorwurfsvoll.

„Ach, unser Psychologe! Was du nicht alles weißt!", antwortete Mama, während sie Kathi die Orangenstücke in die Hand legte.

„Willst du was Süßes, Schatz?", fragte Mama Papa.

„Was hast du denn?"

„Schokolade, Fruchtbonbons ...!"

„Was du immer alles mitnimmst ...", sagte er, während er nach der Schokolade griff.

„Die habe ich eingepackt, als du untätig an der Haustüre herumstandest." Dabei grinste sie ihn breit an.

Kathi hielt die Orangenstücke nah vor ihren Bauch. Immer wieder sah sie eine kleine weiße Hand unter ihrem Pullover hervorkommen und danach greifen. Ihre Eltern bemerkten natürlich nichts, weil sie sich an den Süßigkeiten satt aßen.

Irgendwann hörte sie Gregors Stimme: „Danke, ich bin zufrieden!" Die restlichen Orangenstückchen lagen noch in Kathis Hand. Was sollte sie damit machen? Essen? Wie schmeckten Blutorangen? Vielleicht nach Blut? Igitt!

„Was machst du denn für ein Gesicht?", fragte Mama. „Sag jetzt bloß nicht, du bist satt!"

„Dann kannst du aber das Eis vergessen!", mischte sich Papa ein. Furchtbar! Ihr Vater musste immer gleich mit irgendwas drohen.

„Mama, warum heißen Blutorangen eigentlich 'Blutorangen'?"

„Weil sie ein dunkles Fruchtfleisch haben. Es ist eine

spezielle Sorte", antwortete Papa, während er sich einen weiteren Schokoladenriegel in den Mund schob.
„Aha! Vielen Dank für die Erklärung, Herr Oberlehrer!", warf Mama ein und grinste. Papa grinste auch.
Kathi steckte sich ein Stück Blutorange in den Mund und sie wusste sofort: Gespenster haben Geschmack. Es war einfach köstlich.
Plötzlich sagte Papa: „Schaut, da vorne ist das Elefantenhaus!"
Im gleichen Moment schallte aus dem Haus das wütende Brüllen eines Tigers.
„Du kennst dich ja im Zoo aus!", meinte Mama zu Papa.
„Papa kennt doch nur den Affenfelsen", ergänzte Kathi. Wie als Antwort kam das wütende Geschrei von Pavianen. Erschrocken drehten sich Kathis Eltern um und schauten sich dann verdutzt an.
„Ich hätte schwören können, dass da hinter mir Affengebrüll zu hören war", stammelte Papa.
„Vielleicht war's ein Verwandter, Papa!"
„Kathi!", sagte Mama streng. „Lass das! Aber vielleicht ist das hier ja das Affenhaus und der Tiger hat sich nur verlaufen."
„Verlaufen?" Papa guckte panisch. „Vielleicht sollten wir da nicht reingehen."
„Papa, das darf doch nicht wahr sein! Glaubst du, ein Tiger ist ausgebrochen?"
„Könnte doch sein! Ein Wärter war unachtsam und hat nach der Fütterung vergessen, wieder abzuschließen. Der Tiger nutzt die Chance und ..."
„Du hast eine Fantasie, Schatz!", lachte Mama.
Inzwischen hatten sie die Tür, auf der deutlich lesbar „Elefantenhaus" stand, erreicht. Papa schaute Kathi

und Mama vielsagend an und marschierte dann wortlos hinein.

Mama schüttelte den Kopf. „Ich glaube, wir müssen
uns bei deinem Vater entschuldigen. Und mehr zu sich
selbst sagte sie: „Aber ich habe ganz sicher einen Tiger gehört! Komisch!"

Kathi raunte Richtung Pulli: „Hör auf mit dem Unsinn,
Gregor!"

„Hast du was gesagt?", fragte Mama Kathi.

„Nee! Aber du hast Recht. Wir müssen uns entschuldigen."

Als sie die Türe öffneten, hörten sie ihren Vater von
drinnen sagen: „Schaut doch mal! Die Tiger haben
sich verkleidet!"

„Gregor, halt endlich die Klappe!", zischte Kathi.

„Ich hab' nichts gesagt! Ehrlich!", kam es gedämpft
aus Kathis Pulli. Aha, dann war es diesmal eben einer
von Papas witzigen Sprüchen, die kaum von Gregors
Bemerkungen zu unterscheiden waren. Wenn Papa
gewusst hätte, dass er den gleichen Humor hatte wie
ein kleines Schlossgespenst …

„Tut uns echt Leid. Du hattest Recht", sagte Mama,
hakte sich bei Papa unter und gab ihm einen Kuss.

„Wie schnell bei Erwachsenen die Stimmungen wechseln …", dachte Kathi. „Eben noch streiten sie sich,
dann schauen sie sich in die Augen, als hätten sie sich
gerade verliebt."

Sie betrachtete die schwerfälligen Elefanten, die sich
ständig Stroh auf den Rücken warfen und dabei die
Zoobesucher aus ihren kleinen freundlichen Augen
ansahen. Plötzlich hörten sie einen der Elefanten laut
trompeten. Im gleichen Moment streckten die Tiere ihre Rüssel in ihre Richtung aus. Mama schrie auf und

48

trat einen Schritt zurück. Aber die Rüssel konnten sie nicht erreichen.

Mitten in die Aufregung sagte Gregor mit Kathis Stimme: „Das ist der Liebesschrei der Elefanten. Sie haben sich gerade in uns verliebt."

„Aha! Das habe ich mir fast gedacht", meinte Papa mit einem Blick auf Kathi und zu Mama: „Schatz, ich muss dir etwas Schreckliches beichten. Ich habe mich gerade unsterblich in eine Elefantenkuh verliebt. Ich kann so nicht mehr weiterleben. Ich werde ein neues Leben beginnen mit Shiva hier im Elefantenhaus." Dann lachte er aus vollem Hals und küsste Mama noch einmal.

„Na dann werde ich mit dem Tiger durchbrennen. Es ist bestimmt ein schönes Gefühl für eine Frau, in den starken Pranken eines Tigers zu liegen", meinte Mama und lachte auch.

„Vielleicht adoptieren mich deine Verwandten auf dem Affenfelsen, Papa, sonst weiß ich leider nicht, wohin heute Abend."

„Ja, Mäuschen, das wird das Beste sein. Komm, gehen wir sie fragen."

Wieder hatten ihre Eltern nicht bemerkt, dass da noch jemand an dem Gespräch beteiligt war. Kathi schwitzte. Gregor war zu leichtsinnig. Wie schnell konnte er entdeckt werden. Und was dann? Kathi konnte sich kaum vorstellen, dass ihr Vater sagte: „Prima, jetzt sind wir eine große Familie, drei Menschen und ein albernes Gespenst!" oder dass Mama sagte: „Na, ihr zwei, habt ihr euch auch die Zähne geputzt?" oder dass die beiden Gregor abends einen Gutenachtkuss geben würden, so wie ihr. Nein, es würde ein unvorstellbares Geschrei geben von Mama, so in der Art:

49

„Gespenster kommen mir nicht ins Haus und basta!",
und Papa würde die Feuerwehr oder den Kammerjä-
ger holen oder sonst was Idiotisches machen. Nein,
ihre Eltern durften nichts von Gregor erfahren oder sie
würde ihren kleinen Freund sehr schnell wieder verlie-
ren. Und das wollte sie auf gar keinen Fall.
Leider fiel es Gregor offensichtlich schwer, keine blöden Bemerkungen zu machen. Kathi musste auf der
Hut sein und darauf vertrauen, dass ihr im richtigen
Moment immer etwas einfallen würde.

Sie hatten den Affenfelsen erreicht. Wegen des schönen Wetters waren sehr viele Leute heute auf die Idee
gekommen, den Zoo zu besuchen. Am Gitter vor dem
Felsen war kein einziger Platz mehr frei. Papa und Mama stellten sich neben einen Kinderwagen in der zwei-
ten Reihe und versuchten, über die Leute hinwegzu-
spähen. Auf dem Felsen hörte man die Affen kreischen. Sie machten wohl allerlei Unsinn und lustige
Sachen, denn die Leute lachten immer wieder.
Kathi stand verloren neben ihren Eltern und sah gar
nichts. „Ich besorge dir einen guten Platz", raunte ihr
Gregor zu.
„Wie willst du das denn machen?"
„Wart's ab!"
Plötzlich hörte sie das Baby in dem Kinderwagen vor
ihr schreien. Die Mutter drehte sich nach ihrem Kind
um. Da es aber ruhig schlief, wandte sie sich direkt
wieder den Affen zu. Gregor ließ das Baby wieder
schreien. Die Mutter schaute genervt zum Kinderwagen.
„Was hat es denn?", fragte der Mann daneben, wahrscheinlich der Vater, denn er hatte ein Milchfläschchen

51

in der Hand.

„Ich weiß es nicht", antwortete die Mutter. „Ich höre es schreien, aber wenn ich mich herumdrehe, schläft es schon wieder."

„Vielleicht träumt es schlecht", meinte der Vater.

Beide verfolgten weiter das Geschehen auf dem Felsen. Diesmal schrie das Baby lauter auf und als sich die Mutter wieder herumdrehte, sagte eine Stimme aus der Menge: „Diese Rabenmutter bestaunt lieber die Affen, als sich um ihr Kind zu kümmern." Einige Leute stimmten zu. Obwohl das Baby friedlich im Kinderwagen schlief, was die anderen Leute gar nicht sehen konnten, verließ die Mutter den Platz am Gitter und nahm das Baby aus dem Wagen. Weil es aus dem Schlaf gerissen wurde, fing das Baby tatsächlich an zu schreien und die Leute schüttelten die Köpfe. Die Mutter bahnte sich einen Weg durch die Menge. Der Vater folgte seiner Familie, da die Leute immer mürrischere Äußerungen über das Verhalten der jungen Eltern machten.

Gregor sagte nur: „Ihr Platz, gnädiges Fräulein Kathi!"

„Das war aber nicht sehr nett, Gregor", raunte Kathi. Mit einem etwas schlechten Gewissen huschte sie aber schnell an die frei gewordene Stelle.

Mama schaute der jungen Familie gedankenverloren hinterher. „Die Armen! Nichts können sie mal in Ruhe genießen", und dann zu Papa: „Weißt du noch, als Kathi so klein war? War das ein Stress!"

„Na ja, aber du hättest Kathi auch nicht wegen ein paar kreischenden und herumhopsenden Affen schreien lassen, oder? – Und ich auch nicht!", fügte er sicherheitshalber hinzu.

„Nein, wegen ein paar Affen nicht. Aber vielleicht wegen eines Pokalspiels im Fernsehen."

„Das ist doch ganz was anderes!", sagte Papa kopf-
schüttelnd, aber er widersprach auch nicht.

„Was ist jetzt mit dem Eis?", unterbrach Kathi den
möglicherweise heraufziehenden neuen Krach zwischen Mama und Papa.

„Hervorragende Idee!", warf Papa ein, der damit die
Chance nutzte, das Thema zu wechseln. Sie winkten
den Affen zu, aber Kathi machte keine blöde Bemerkung über die 'Verwandten'. So was war nicht klug,
wenn sie die Menge der Eisbällchen günstig beeinflus-
sen wollte.

Auf dem Weg zum Eisstand kam ihnen plötzlich Thorsten mit seinen Eltern entgegen. Als Kathi ihn entdeckte, wurde sie rot. Es war schon schrecklich, ihm überhaupt woanders als in der Schule zu begegnen, aber
in Begleitung ihrer Eltern war es einfach nur peinlich.

„Guck mal, ist das nicht ein Junge aus deiner Klasse?", fragte Mama. Sie kannte die meisten Kinder aus
Kathis Klasse, weil sie immer wieder bei Bastelaktio-
nen oder als Zeitstopperin bei den Bundesjugendspie-
len in der Schule mithalf.

„Mmh!", machte Kathi.

Es gab keine Chance mehr, Thorsten auszuweichen.

„Hallo Thorsten!", sagte Kathi.

„Hallo", nuschelte Thorsten.

„Sei nicht so muffelig, Thorsten!", sagte Thorstens
Mutter.

Kathis und Thorstens Eltern begrüßten sich. Kathi
stand wie blöd vor Thorsten, der auf einen fernen
Punkt irgendwo hinter ihr starrte.

„Suchst du was?" Kathi hatte gar nichts gesagt, sondern Gregor mit ihrer Stimme.

Thorsten schaute Kathi nun doch an. „Nee, wieso?"

Jetzt musste sie ihm antworten. „Na, du glotzt in der Gegend rum, obwohl ich hier stehe." Das war nicht sehr intelligent, was sie da sagte, denn sie wusste ja, dass er einen Schwur mit seinen bescheuerten Freunden in der Klasse getan hatte. „Ich verrate dich schon nicht, nur weil du zu mir 'Hallo' gesagt hast."

„Na, toll!", murmelte Thorsten und guckte wieder zur Seite.

„Wir könnten ja miteinander flüstern oder fällt das auch unter euren Schwur?", sagte Gregor mit Kathis gedämpfter Stimme.

Thorsten musste grinsen. Er zuckte mit den Schultern. „Weiß nicht", flüsterte er.

Kathi machte sich Sorgen, was Gregor noch alles einfallen würde, wenn sie nicht bald hier wegkam. Aber die Eltern waren inzwischen in ein Gespräch über die Schule vertieft und kümmerten sich gar nicht um die beiden.

„Montag schreiben wir den Mathetest", flüsterte Kathi, nur um irgendwas zu flüstern.

„Auweia!", zuckte Thorsten zusammen.

„Warum musstest du mich daran erinnern? Ich hab' echt Schiss!" Dann stutzte er. „Das sagst du doch nicht weiter, oder?"

„Hätte ich was davon?", antwortete Kathi.

„Was habt ihr denn da die ganze Zeit zu flüstern?", fragte Thorstens Mutter plötzlich dazwischen. „Habt ihr zwei etwa Geheimnisse?" Dabei winkte sie mit dem erhobenen Zeigefinger und die anderen Erwachsenen lachten. Das fehlte noch, dachte Kathi, dass die Eltern meinten, sie würden sich irgendwelche Freundlichkeiten zuflüstern.

Endlich verabschiedeten sich die Eltern voneinander.
„Tschüss, Thorsten, bis Montag!", sagte Kathi mit normal lauter Stimme.
„Tschüss, Kathi!"

Er hatte ihren Namen gesagt. „Jetzt könnte er eigentlich auch ein bisschen lächeln", dachte Kathi. Er trottete mit seinen Eltern weiter. Kathi blieb noch einen Moment stehen. Thorsten blickte sie über die Schulter hinweg an. Sie winkte ihm zu. Er hob ein wenig die Hand.
„Dieser Thorsten ist aber ein Muffel!", sagte Papa.
„Wieso, er ist doch ganz freundlich!", antwortete Kathi.
„Aha!", brummte Papa. Aber das klang eher so, als wäre ihm etwas unklar.

Kathi durfte sich die Anzahl der Eisbällchen aussuchen. Als sie die Eissorten an der Kioskwand las, fiel ihr Blick auf ‘Blutorange’. Ob Gespenster auch Blutorangeneis mochten?
„Ich nehme dreimal Blutorange!", sagte sie zu dem Verkäufer.
„Wird das jetzt zur Sucht mit diesen Blutorangen?", fragte Mama besorgt.
„Du lebst zu gesund, Kind! Das ist doch nicht normal in deinem Alter", meinte Papa.
„Das ist ja unglaublich! Immer beklagst du dich über die schlechte Ernährung deiner Tochter – und wenn sie sich gesund ernährt, dann ist es auch nicht richtig", sagte Mama und zu Kathi gewandt: „Nimm, was du willst, Kind!"
„Mach’ ich ja!", antwortete Kathi, die sich das Eis vor

den Bauch hielt.

„Kind, pass doch auf, du versaust dir das Sweatshirt!",
schrie Mama auf. Kathi drehte sich weg, leckte am Eis
und fand, dass Blutorangeneis im Hörnchen auch sehr
gut schmeckte.

Während sie weitergingen, raunte Gregor: „Nun lass
mich doch endlich probieren!"

„Nur nicht so gierig, mein Lieber!" Sie hielt das Eis
wieder vor ihren Bauch. Gregor schlabberte schmat-
zend daran herum.

„Pass doch auf, Gregor! Du versaust mir noch mein
Sweatshirt!" Oh Gott, sie redete ja schon wie ihre Mutter.

Gregor bekam das meiste von dem Eis und Kathi
dachte, dass sie sich lieber vier Bällchen hätte bestel-
len sollen.

„Ich hab für heute genug Tiger in Elefantenhäusern
gesehen, wenn ihr mich fragt", sagte Mama. „Von mir
aus können wir nach Hause fahren."

Auch Kathi war ein bisschen müde – weniger vom
Laufen als von der Aufregung mit Thorsten und vor allem den überraschenden Bemerkungen von Gregor.

Samstagabends durfte Kathi immer noch ein bisschen länger im Bett lesen. Aber sie unterhielt sich heute lieber mit Gregor. Sie saßen auf dem Bett, zwischen
ihnen Willi, der Stoffhase.

„Ich glaube, Thorsten findet dich ein bisschen nett!"

„Wie kommst du denn darauf?"

„Sagen wir jahrhundertealte Erfahrung mit Menschen",
grinste Gregor.

„Wenn er bloß nicht diesen dämlichen Schwur getan
hätte!", dachte Kathi laut. „Wenn er mich nett finden

würde, dann wäre ihm dieser saublöde Schwur doch egal!"

Kathi haute auf die Bettdecke. Gregor zuckte zusammen.

„Wahrscheinlich hat er Angst, die anderen Jungen würden ihn auslachen, wenn er mit dir redet."

„Jungs sind bescheuert!"

„Er wird seinen Schwur brechen! Einmal hat er es ja schon getan. Und er wird es wieder tun!"

„Was du alles weißt!" Kathi schaute Gregor zweifelnd an. „Aber schön wär's, wenn du Recht behalten würdest." Sie gähnte. Siegfried näherte sich von der Treppe. In der Tür blieb er stehen und schnurrte.

Gregor miaute und Siegfried miaute zurück. Langsam schlich er näher. Er ließ sich vor Willi nieder und putzte sich.

„Da ihr zwei euch nun auch einander vorgestellt habt, gehörst du zur Familie, Gregor", sagte Kathi und dann löschte sie das Licht.

Kapitel 5

Zweimal sieben

Am Sonntagnachmittag kamen Bernd und Mona zu Besuch.
„Schön, dass ihr mal vorbeikommt! Na, Bruderherz, wie geht's?", fragte Mama.
„Prima! Habt ihr 'nen Kaffee? Wo ist Kathi?"
Kathi raste die Treppe hinunter. Bernd öffnete die Arme und sie warf sich ohne abzubremsen auf ihn. Mama brüllte: „Pass auf, der Schrank!" Bernd wirbelte Kathi mehrmals herum und wie durch ein Wunder stießen sie im engen Flur nirgendwo an.
„Das ist fast besser als Achterbahn!", brüllte Kathi.
Dann setzten sich alle an den Esszimmertisch, um Kaffee zu trinken. Was fanden die Erwachsenen daran nur schön? Sie taten nichts anderes als trinken und reden. Kathi fand das Kaffeetrinken jedenfalls immer furchtbar langweilig. Als Kind durfte man selten was sagen, man musste still sitzen, durfte sich nur ab und zu mal einen Keks nehmen (Kathi zählte zwischen zwei Keksen immer langsam bis 50), auf keinen Fall aber nur die mit Schokolade oder womöglich den letzten, weil man das nicht tat, wie Mama immer sagte, obwohl dieser letzte Keks garantiert noch auf dem Teller lag, wenn die Gäste schon längst gegangen waren.
„Ich geh' nach oben. Ich muss Mathe üben. Morgen schreiben wir einen Test." Sie stand auf.
„Ich komm' gleich mal nach oben und gucke, ob du auch rechnen kannst!", sagte Bernd und zwinkerte ihr zu.

„Welche Pläne habt ihr für euren nächsten Urlaub?", fragte Papa fröhlich und klopfte Bernd auf die Schulter.

„Wir fliegen nach Afrika", antwortete er und dann rief er Kathi zu, die an der Treppe stehen geblieben war: „Ich bring' dir einen Elefanten mit, wenn ich wiederkomme. Aber nur einen ganz kleinen, damit deine Mutter nicht schimpft!"

Kathi setzte sich tatsächlich an den Schreibtisch und nahm das Mathebuch heraus, schlug es auf und starrte aus dem Fenster. Sie begann von Afrika zu träumen. Dort flatterten Papageien herum wie hier Tauben und Spatzen. Da gab es Käfer, die so groß waren wie Mäuse. Ein solches Abenteuer würde sie gerne mit Bernd erleben, das musste doch der absolute Knüller sein. Nichts gegen ihre Eltern, die würde sie natürlich vermissen. Aber wenn sie mit ihren Eltern führe, dann würden sie wahrscheinlich kaum was unternehmen, weil Papa alles immer zu gefährlich fand und weil Mama immer sagen würde: „Nicht so wild, Kind!", „Pass auf, Kind!", „Tu dir nicht weh, Kind!" Und so was sagte Bernd nie und Bernd probierte auch alles aus. Egal, ob es gefährlich war oder nicht.

Sie fuhr mit Mama und Papa immer an die See nach Holland. Das war ja auch ganz nett, weil man im Meer baden oder riesige Sandburgen bauen konnte. Aber da liefen natürlich keine Elefanten und Löwen und Schimpansen herum. Da gab's allerhöchstens Wattwürmer und ab und zu mal einen Krebs. Nicht mal Haie schwammen in der Nordsee.

Wie konnte ihr Onkel nur auf die Idee kommen, mit Mona nach Afrika zu fliegen, dachte sie. Mona würde doch nur im Hotelzimmer hocken, um sich nachzu-

schminken, weil bei der Hitze die schwarze Wimpern-
tusche in ihrem Gesicht in schwarzen Streifen herab-
liefe, bis sie aussähe wie ein Zebra. Den Rest der Zeit
würde sie kreischend Käfer und andere Insekten im
Zimmer platt hauen und immer schreien: „Igitt, wie
ekelig!" „An Bernds Stelle wäre ich da noch lieber al-
leine gereist. Warum nimmt er nicht lieber mich mit?
Soll doch Mona zu Hause bleiben!", überlegte sie.
Sie schaute Gregor an, der auf dem Regal saß und in
ihren Pferdebüchern geblättert hatte.
„Warst du schon mal in Afrika?", fragte sie ihn.
„Nein, noch nie. Aber ich habe einen entfernten Ver-
wandten in Afrika, der lebt dort mit anderen als Wald-
geist."
„Waldgeist? Was macht ein Waldgeist?"
„Na, spuken, nur eben nicht in einer Burg, sondern im
Wald."
„Ach so!"
Es klopfte. Gregor verschwand blitzschnell hinter den
Büchern im Regal.
„Stör' ich?", fragte Bernd und grinste.
„Du störst immer", erwiderte sie und grinste zurück.
Bernd trat ins Zimmer und setzte sich auf die Bett-
kante in die Nähe des Schreibtisches. Ihre Köpfe wa-
ren nun auf gleicher Höhe. Bernd beobachtete Kathi,
die aus dem Fenster starrte.
„Du bist nicht gut drauf, was? Klappt's mit Mathe
nicht? Wir üben ein bisschen! Wie viel ist zwei mal
zwei?"
„Lass den Quatsch, Bernd!"
„Okay, zu leicht! Wie viel gibt zwei mal sieben?"
„Du nervst!"
„Und du weißt es nicht!"

„Natürlich weiß ich es! Aber das kommt in der Mathearbeit gar nicht vor."

„Egal! Aber ich wette, du weißt nicht, was zweimal sieben gibt!"

„14!", stöhnte Kathi.

„Falsch!" Bernd strahlte. „Falsch!"

„Bist du blöd? Wieso soll das falsch sein?", fragte Kathi schnippisch.

„Zweimal sieben gibt viel feineren Sand als nur einmal
sieben!"

Kathi glotzte Bernd an. Es dauerte ein paar Sekunden,
dann hatte sie den Witz kapiert. Sie lächelte großzü-
gig.

„Jaja, ein ganz witziger Onkel!" Sie tätschelte ihm die
Wange.

Bernd suchte den Schreibtisch mit seinem Blick ab.
Er schaute interessiert in das aufgeschlagene Mathebuch.

„Na, was musst du denn lernen? Lass mal sehen!"

„Nein, ich will nicht! Ist sowieso langweilig."

Kathi klappte das Buch zu.

„Was ist los, Kathi, hm?", fragte Bernd mit sanfter
Stimme.

„Nix! Ich hab' nur von Afrika geträumt. Wie ich mit dir
auf Elefanten reite und Käfer jage und so." Kathi legte
ihren Kopf in die Hände und stützte sich auf die Tischplatte. „Oder wie ich mit dir im Flugzeug eine Notlan-
dung im Urwald überlebe. Oder eine Nachtwanderung
im Dschungel. Oder wir hätten versucht, Giraffen zu
dressieren, dass sie Pfötchen geben …"

„Kathi, sei vernünftig! Du hast Schule! Du kannst doch
nicht einfach mit mir nach Afrika fliegen. Wenn du größer bist …"

62

Kathi wendete ruckartig den Kopf in Bernds Richtung und ihre Augen waren Schlitze. Die blödesten Ausreden von Erwachsenen fingen immer mit „Wenn du größer bist ..." an.

„Nein, nein, nein!" Bernd fuchtelte mit den Armen. „Du bist groß genug! Du bist ein ganz großes Mädchen! Vergiss, was ich gesagt habe! Aber deine Eltern würden es gar nicht erlauben, wenn ich dich mitnehmen wollte."

„Das sind doch nicht die echten Gründe, Bernd!"

„Meinst du, ich würde nicht gerne mal so was mit dir machen?" Bernd wurde ernst.

„Doch, schon!", antwortete Kathi leise. Eine Weile sagte keiner etwas. Kathi starrte wieder aus dem Fenster und Bernd schaute Kathi an.

„Aber du machst die Reise lieber mit Mona", sagte Kathi plötzlich. Bernd runzelte die Stirn, dann ließ er sich schwer nach hinten auf Kathis Bett fallen. Langsam richtete er sich wieder auf.

„Du bist eifersüchtig auf Mona, nicht wahr?"

„Mmh."

„Heißt 'mmh' ja oder nein? Nein, sag nix! Ich weiß es schon." Bernd nahm Willi vom Bett und setzte ihn sich auf die Knie.

„Das ist mein Willi!" Kathi schnappte sich ihr Schmusetier von Bernds Schoß und umschlang es mit beiden Armen. Dann schaute sie ihn an.

„Warum fährst du mit Mona in Ferien? Sie ist immer nur am meckern oder schminkt sich oder beides. Auf dem Elefanten musst du alleine reiten, denn sie ist nicht schwindelfrei. Nachts kannst du nicht schlafen, weil sie sich bei dir über das Zirpen der Grillen beklagt oder was weiß ich. Mit mir könntest du alle verrückten Sachen machen und ich fände es auch noch toll. Wir würden dauernd lachen und ich würde mich nie beschweren, wenn es zweimal hintereinander Fritten gäbe. Ich würde dich auch nie bitten, mit mir in ein chinesisches Restaurant zu gehen."

Bernd musste lachen. Dann wurde er plötzlich ernst: „Ich kapiere, was los ist. Du meinst, ich hätte Mona lieber als dich. Und das tut dir weh."

Bernd beugte sich nach vorne und streichelte Kathi über den Kopf. Er brachte sein Gesicht ganz nah an ihres und schaute ihr in die Augen.

„Aber so einfach ist das nicht ... mit dem Liebhaben."
Bernd holte tief Luft.

„Kathi, ich habe dich richtig dicke lieb. Ganz doll! Ehrlich! Und ich habe meine Schwester, also deine Mama, ganz doll lieb und deinen Opa, also meinen Papa, habe ich auch ganz doll lieb und deine Oma, obwohl sie nicht mehr lebt, habe ich ganz genauso doll lieb, wenn ich an sie denke ...", Kathi blickte Bernd jetzt an, „... und ich habe auch Mona lieb. Ganz doll lieb! Aber anders lieb."

Bernd verzog das Gesicht. Er suchte offensichtlich nach passenden Worten: „Ich weiß nicht, wen ich lieber habe, weil ich jeden anders lieb habe."

„Wie, anders?" Kathi war ungeduldig.

„Genau das ist so schwer zu erklären. Es gibt so ein Liebhaben, das ist anders als Mama und Papa und Freunde lieb haben. Es ist ein erwachsenes Liebhaben."

„Mit anderen Worten: Ich habe keine Ahnung davon und ich verstehe das sowieso nicht und das können eben nur Erwachsene verstehen und so ... Stimmt's?

Bernd, ich bin kein Baby mehr! Ich weiß, dass Mama und Papa sich anders küssen, als sie mich küssen, und dass sie miteinander geschlafen haben, sonst wäre ich gar nicht auf der Welt, und dass man so was nur macht, wenn man sich ganz doll lieb hat."

„Hey, du bist ja aufgeklärt! Woher weißt du das alles?"

„Aus der Schule!"

„So was lernt ihr in der Schule? Ihr solltet mehr Mathe machen."

„Bernd, hör auf mit den Witzen!"

„Ja, entschuldige! Ich war etwas überrascht. Ich ... du ... ich ... du bist einfach ein großes Mädchen geworden und ich glaube, ich merke das jetzt erst richtig."

„Bernd, was ich nicht kapiere ist, wieso hast du Mona so lieb? Warum bist du in Mona verliebt? Ich finde, sie ist einfach ätzend! Ich kapier' das nicht. Es ist irgendwie klar, dass du nicht mit mir nach Afrika fliegen kannst, weil ich noch so klein bin. Ich kann kapieren, dass man am liebsten mit jemandem zusammen ist, in den man verliebt ist. Aber wieso bist du in Mona verliebt? Erklär mir das!"

Kathi hatte die letzten Worte fast gebrüllt und Bernd starrte sie an, als wäre sie gerade einem Raumschiff entstiegen und hätte Drähte auf dem Kopf. Sein Blick wanderte durch das ganze Zimmer und Kathi dachte einen kleinen Moment daran, ob sich Gregor auch gut versteckt hielt.

„Tja, Kathi", begann Bernd, „manchmal nervt mich Mona ja auch. Das stimmt schon. Und wir kriegen sogar Streit über manche Sachen, die sie macht. Aber ich kann mir vorstellen, dass du deine Eltern auch ganz schön nerven kannst."

„Klar!", sagte Kathi stolz. „Und wie!"

„Das glaub ich! Aber deshalb haben dich deine Eltern doch nicht weniger lieb. Sie sind ärgerlich und sie sind wütend, aber sie würden keine Sekunde denken, dass sie dich nicht mehr so lieb haben, nur weil du versuchst, dich ungewaschen ins Bett zu legen oder weil du die Zähne nicht putzt oder weil du dir heimlich Süßigkeiten kaufst, obwohl deine Mutter es dir verboten hat, oder weil du deine Socken die ganze Woche trägst oder weil du die Hausaufgaben in der Küche machst, weil dein Schreibtisch vor lauter Klamotten, die du eigentlich in den Schrank räumen solltest, gar nicht mehr zu sehen ist oder weil ..."

„Das reicht, Bernd! Woher weißt du das alles überhaupt?"

„Ist doch jetzt egal! Verstehst du, was ich sagen will?" Kathi lehnte sich auf ihrem Stuhl nach hinten und begann leicht zu wippen. Mit Blick auf den Boden sagte sie: „Ich verstehe! Du hast Mona so lieb, dass es dir nichts ausmacht, dass sie nervt und hysterisch ist!"

„Sie ist nicht hysterisch. Sie ist nur ein bisschen ängstlich. Aber es stimmt, das macht mir nichts. Mir wird ganz heiß im Bauch, wenn ich an sie denke. Ich möchte sie gerne anfassen und streicheln. Ich schlafe gerne in ihren Armen ein und ich habe unbeschreibliche Gefühle, wenn ich aufwache und sie liegt neben mir. Wenn sie dann eine Dreiviertelstunde das Badezimmer blockiert, kriege ich allerdings die Krise ..."

„Aber wenn sie wieder rauskommt, ist alles vergessen", ergänzte Kathi.

„Genau, du hast es kapiert! So ist es!" Bernd klatschte in die Hände. „So, anderes Thema ..."

„Lenk nicht ab, Bernd! Ich bin noch nicht fertig."

„Oh, ja, entschuldige!" Bernd räusperte sich, dann lächelte er. „Also, was willst du noch wissen?"

„War das mit Susanne auch so, damals?"

„Welche Susanne?"

„Deine letzte Freundin. Ich kann mich auch an Ute erinnern und auch noch dunkel an Beate. Und ich kann mich daran erinnern, dass Mama mal zu dir gesagt hat, es würde sie wundern, dass du deine Freundinnen immer mit dem richtigen Namen anredest, weil sie den Eindruck habe, du würdest deine Freundinnen öfter wechseln als deine Sachen."

„Ach, meine große Schwester. Tja, manchmal dauert das Verknalltsein eben nur eine kurze Zeit. Frag mich nicht, warum! Ich weiß auch nicht, warum es dann plötzlich wieder weg ist. Irgendwie ist das auch immer schrecklich. Aber man kann es nicht verhindern, weißt du, man kann es nicht wollen ... wie ... wie ..."

„Glaubst du, das passiert dir mit Mona auch irgendwann?"

„Das weiß ich nicht." Es sah aus, als würde Bernd mit seinem Blick ein Stuhlbein untersuchen. „Ich hoffe nicht. Denn jetzt kann ich mir gar nicht vorstellen, dass ich nicht mit ihr zusammen bin. Aber wer weiß, wie es wird ..."

Bernd wandte sich Kathi zu: „Warum willst du das eigentlich so genau wissen?"

Im gleichen Moment fiel ihr Thorsten ein und sie war ein kleines bisschen erschrocken. In ihrem Bauch wurde es ganz heiß. Thorsten benahm sich ja auch saublöd mit seinem Schwur und dennoch fand sie ihn nett. Sie musste immer wieder an ihn denken. Würde das schöne Gefühl bleiben oder würde es wieder weggehen? Kathi war verwirrt.

Monas Stimme drang von unten zu ihnen herauf: „Was, Skorpione kriechen am liebsten in warme Betten? In dieses Bett kriegt mich keiner oder ich schlafe im Stehen!"

Kathi und Bernd schauten sich an und brachen in lautes Gelächter aus. Kathi hörte allerdings auch das Lachen im Bücherregal.

„Würmer im Essen? Nein!", kreischte Mona von unten.

„Äh, du solltest solche Sprüche von ihr nicht zum Thema machen, Bernd!", meinte Kathi. „Ich bin sicher, sie würde das nicht verstehen!"

„Was ist denn mit dir los? Du bist so einfühlsam."

„Ja, ich bin ein großes Mädchen. Das hast du doch selber gesagt. Und auf große Mädchen sollten große Onkels besser hören, sonst gibt es nur unnötigen Ärger mit der Freundin."

„Bernd, kommst du noch mal runter oder übernachtest du da oben?", hörten sie Kathis Mutter von unten rufen.

„Ich komme jetzt!", rief Bernd zurück. Beim Hinausgehen drehte er sich noch mal um, zwinkerte Kathi zu und sagte: „Ich hoffe, ich konnte dir ein bisschen bei Mathe helfen."

„Ja klar! Zwei mal sieben weiß ich jetzt!" Sie lachte wieder.

„Was meinst du, Kathi? Soll ich dir lieber eine zehn Meter lange Pythonschlange mitbringen, statt des Elefanten? Die nimmt nicht so viel Platz weg!"

„Am liebsten wäre mir ein Löwe! Oder ...", überlegte Kathi, „ein Schimpanse, das wäre super!"

Bernd lachte, als er die Treppen hinunterrannte.

Sofort erschien Gregor im Regal. „Den kenne ich, der

saß mit dir im Wagen in der Geisterbahn. Und diese kreischende Mona auch, stimmt's?"

„Ja, genau!"

„Liebhaben?" Gregor legte seine Gespensterstirn in Falten. „Was ist das eigentlich genau?"

Kathi starrte Gregor an. Das war doch alles unglaublich, dachte sie. Ihr Onkel flog mit einer Nervensäge nach Afrika. Beim Gedanken an einen Mitschüler kriegte sie das Kribbeln im Bauch. In ihrem Zimmer wohnte ein Gespenst, das nicht wusste, was Verliebtsein war, und ganz nebenbei wartete morgen auf sie eine Mathearbeit, für die sie erschreckend wenig geübt hatte.

„Hör zu, Gregor!", sagte sie. „Ich habe keine Ahnung, was Verliebtsein ist. Ich will es auch gar nicht mehr wissen! Mir ist sowieso alles zu kompliziert heute. Ich will meine Ruhe! Ich will alleine sein! Oder nach Afrika! Ich weiß es nicht! Ich glaube, ich drehe durch!" Sie griff sich mit beiden Händen in die Haare. „Und noch was, Gregor: Quatsch nicht dazwischen, wenn ich mit anderen rede! Ich habe Stress genug!"

Gregor schaute Kathi mit seinen dunklen Augen an. Kathi hielt inne und ging zum Regal. Sie konnte Gregor direkt ins Gesicht blicken.

„Tut mir Leid, Gregor! War nicht so gemeint. Ich muss heute mal früher ins Bett, glaube ich." Und dann, nach einer Pause: „Außerdem, auch wenn du dauernd dazwischenquatschst, ich hab' dich trotzdem lieb. Ehrlich!" Gregor strahlte.

Nach dem Abendbrot ging Kathi sofort nach oben, um zu schlafen. Ihre Eltern staunten über ihre vernünftige Tochter. Bernd und Mona waren schon lange wieder nach Hause gegangen. Oben in Kathis Zimmer saßen sich Siegfried und Gregor gegenüber und miauten abwechselnd.

„Was quatscht ihr denn da?", fragte Kathi.

„Ich informiere mich über die Liebe bei Katzen", antwortete Gregor.

„Und was hast du herausgefunden?"

„Sie haben wenig Probleme damit."

„Die Glücklichen!", dachte Kathi. „Katzen haben es einfach besser als Menschen." Sie streichelte Siegfried, der sich das wohlig schnurrend gefallen ließ.

„Frag ihn, ob er mich lieb hat!"

Beide miauten nun aufeinander ein, dann antwortete Gregor: „Also, er hat dich sehr lieb, wirklich, auch wenn du mal vergisst, ihm Futter hinzustellen oder du nicht das Trinkwasser wechselst, obwohl es schon faulig riecht, aber es ist ein anderes Liebhaben als das Gefühl, das er hat, wenn er eine rollige Katze sieht ..."

Kathi verschränkte ihre Arme vor der Brust. „Und sage ihm bitte, ich habe ihn auch lieb, obwohl er mich nachts mit seinem lauten Geschnurre vor meinem Bett aufweckt und obwohl er im Katzenklo so heftig herumscharrt, dass die ganze Streu durch die Gegend fliegt und ich es wieder wegmachen darf, und obwohl er Willi beim Spielen fast zerfetzt hat! Und jetzt will ich schlafen! Lasst mich bloß alle in Ruhe!"

Sie schmiss sich ins Bett, schnappte sich Willi und schloss die Augen. Sie hörte die beiden miteinander schnurren und war sicher, sie redeten über sie. Aber es war ihr egal. Sie war einfach nur müde, einfach nur schrecklich schön müde ...

Kapitel 6

Ein saublöder Schwur

Auf dem Schulhof sah sie Tina unter dem Nussbaum stehen. Kathi ging auf sie zu.
„Hallo, Tina!"
„Hallo!"
„Na, wie geht's?"
„Du bist gut! Wie soll's mir schon gehen? Wir schreiben heute 'ne Mathearbeit! Vergessen?"
„Nee, natürlich nicht!" Kathi schaute sich auf dem Schulhof um. Fast alle aus ihrer Klasse waren schon da. Die Jungs hatten das Fußballfeld besetzt und diskutierten mit der Parallelklasse, wer zuerst da gewesen war. Einige standen nah voreinander, hatten ihr Kinn nach vorne gestreckt und redeten – oder besser schrien – fast die ganze Zeit das Gleiche: „Ey, hau ab hier!" oder „Ey, wir waren zuerst da!" und „Was willst du denn, ey?" oder „Misch dich nicht ein, ey!" oder „Ey, pass auf, ja!" und „Ey, komm doch, wenn du was willst!"
„Warum die nicht einfach gegeneinander spielen?", dachte Kathi. Aber Jungen sind halt eine Ecke blöder als Mädchen, das wusste sie ja schon lange.
Jetzt kam Thorsten über den Schulhof geschlurft. Er sah müde aus, fand Kathi. In der Nähe vom Aufstellplatz ließ er seinen Tornister fallen und wandte sich Richtung Fußballfeld. Dabei musste er an Kathi vorbei. Kathi wartete gespannt, ob er sie grüßen würde. Als er auf gleicher Höhe war, schaute er sie kurz an, bemerkte dann Tina und wandte den Blick schnell wieder ab.

71

Thorsten hatte jetzt die Gruppe der streitenden Jungs erreicht. Einige grüßten ihn, diskutierten aber sofort weiter. Markus aus ihrer Klasse hatte gerade einen anderen Jungen vor die Brust geboxt. Nun wollte der sich auf Markus stürzen, als Thorsten völlig gleichgültig sagte: „Am besten, wir spielen gegeneinander. Wer gewinnt, kriegt den Platz heute in der großen Pause." Alle glotzten Thorsten an.

„Okay!", sagte der, der gerade noch auf Markus losgehen wollte. „Fangen wir an! In fünf Minuten schellt es."

„Na also", dachte Kathi, „nicht alle Jungs sind blöde."

„Gleich kullern dir die Äugelchen aus der Rübe, wenn du weiter so zu den Jungs rüberglotzt!", sagte Tina spitz.

„Halt die Klappe!"

„Du redest genauso bescheuert wie die Jungs!" Tina wandte sich ab. Es hatte geschellt. Sie gingen in die Klasse.

Im Klassenraum saß Herr Sennefeld am Schreibtisch und schnipselte irgendwas in kleine Teile.

„Guten Morgen, ihr zwei!", sagte er freundlich zu Tina und Kathi. „Wie war das Wochenende?"

„Bescheiden", antwortete Tina. „Ich musste jeden Tag zwei Stunden Mathe üben."

„Ach, du Arme! Na, dann wird es heute ja vielleicht besser klappen." Herr Sennefeld lächelte sie an. Alle Kinder in der Klasse waren sich einig, dass sie mit Herrn Sennefeld den nettesten Lehrer der Schule – wenn nicht der ganzen Welt – bekommen hatten.

„Wo bleiben denn die anderen?", fragte Herr Sennefeld.

„Die Jungs spielen Fußball, was sonst!", sagte Tina.

Mehr und mehr Kinder betraten die Klasse und es wurde langsam lauter. Kathi fand die Zeit, bevor alle in der Klasse waren, am schönsten. Man hatte den ganzen Klassenraum fast für sich alleine. Manchmal setzte sie sich hinten auf das Sofa und blätterte in einer Zeitung oder einem Buch. Oder sie stand einfach bei Herrn Sennefeld am Tisch und schaute ihm zu. Manchmal erzählte sie ihm irgendwas.

Spätestens aber, wenn die Jungs in die Klasse kamen, war es aus mit der Gemütlichkeit. Herr Sennefeld konnte einem nicht mehr richtig zuhören, weil er dauernd in die Klasse blickte, irgendeinen ermahnen oder bitten musste, leiser zu sein, sie wären hier schließlich „nicht auf dem Fußballplatz". Kathi hatte das Gefühl, dass Herr Sennefeld auch kein allzu großer Fußballfan war.

In diesem Moment kamen die Jungs japsend und verschwitzt in die Klasse.

Markus brüllte Sven an: „Wegen dir haben wir heute in der großen Pause nicht das Fußballfeld, du Eierkopp! Wie kann man nur so eine Chance verpatzen!"

„Ach halt doch dein Maul, Markus!", antwortete Sven.

„Na, na, Jungs! Setzt euch mal! Wir wollen anfangen."

Alle begaben sich auf ihre Plätze. Sie sangen ein Begrüßungslied. Herr Sennefeld erzählte ihnen, wie er sich den Ablauf des Tages gedacht hatte. Erst würden sie ein bisschen vom Wochenende erzählen, dann die Mathearbeit schreiben. Leichtes Stöhnen in der Klasse. „Na, das müssen wir schon machen. Wird gar nicht so schwer, glaubt mir." Nach der großen Pause würden sie die Ritterburgen aus Dosen und Kartons basteln, die sie im Verlauf der letzten Wochen gesammelt hatten. Und er habe Musik aus der Ritterzeit mitgebracht, dazu könnten sie ja einmal versuchen zu tanzen. Wieder ein Stöhnen, diesmal aber nur von den Jungen. „Keine Sorge, Leute, es wird kein Paartanz", sagte Herr Sennefeld und grinste. Alle lachten.

Sie setzten sich in den Kreis, um zu erzählen, was sie am Wochenende erlebt hatten. Markus bekam zuerst den Erzählstein.

„Wir haben am Wochenende ..."

„... ein Spiel gehabt", ergänzte Eda. Wieder lachten alle, außer Markus.

„Markus erzählt jetzt, Eda. Weiter, Markus!" Herr Sennefeld nickte ihm aufmunternd zu. Wenn Markus erzählte, hörte eigentlich keiner richtig zu, weil er sowieso immer das Gleiche erzählte. Es machte auch fast keinen Unterschied, ob seine Mannschaft gewonnen oder verloren hatte. Markus erzählte einfach furchtbar langweilig und immer nur von seinem Fußballverein.

„Ein Wunder, dass ihn überhaupt noch jemand im Erzählkreis drannimmt", dachte Kathi. Die Jungs nahmen ihn aber dran, weil er bei ihnen so beliebt war und die meisten Mädchen nahmen ihn dran, weil sie fanden, dass er nett aussah. Kathi nahm ihn höchstens dran, weil er ihr Leid tat. Einer, der am Wochenende nichts anderes erlebte als ein Fußballspiel, war doch wirklich eine arme Socke ...

Markus nahm Kathi dran. Er schaute extra in eine andere Richtung, als er ihr den Erzählstein übergab. „Supercool!", dachte Kathi und fand ihn echt affig. Sie erzählte von der Kirmes. Besonders ausführlich be-

74

richtete sie von Monas Gekreische und Gejammer in der Geisterbahn. Natürlich erzählte sie nichts von Gregor, der die ganze Zeit still in Kathis Tornister ausharrte. Sie hatte ihn mitgenommen, weil er noch nie im Leben eine Schule von innen gesehen hatte. Er konnte auch nicht lesen und schreiben, weil so was für Gespenster nutzlos war. Kathi hatte gedacht: „Was für ein schönes Leben, wenn man nicht in die Schule gehen muss." Andererseits wollte sie aber auch nicht grünlich weiß schimmern und ihr ganzes Leben lang „Juhu! Buhu!" machen.

Als sie erzählte, dass Mona sich nicht getraut hatte, ein zweites Mal auf die Geisterbahn zu gehen, johlte die ganze Klasse. Sie bemerkte, dass Herr Sennefeld sich ebenfalls amüsierte, sogar die Jungen lachten und hörten aufmerksam zu. Mitten in das Lachen hörte Kathi Gregor „Juhu! Buhu!" rufen, was das allgemeine Gelächter nur verstärkte. Aber keiner merkte, dass es aus Kathis Schultasche kam. Weil sie Gregors Einmischung durcheinander brachte, wusste sie nicht mehr, was sie noch erzählen sollte und gab den Stein an Eda.

Dann war es so weit:
Herr Sennefeld teilte die Hefte für den Mathetest aus. Obwohl Kathi geübt hatte, spürte sie augenblicklich einen Stich in der Magengegend. Sie setzte Willi auf den Tisch. Den nahm sie immer bei solchen Anlässen mit in die Schule, als Talisman. Er sollte ihr Glück bringen und das tat er auch meistens.
Tina neben ihr seufzte laut, als Herr Sennefeld danach an jeden ein Blatt mit Aufgaben verteilte. Sie starrte es an. „Au Backe!", sagte sie immer wieder.

Kathi gehörte zur A-Gruppe, Tina zur B-Gruppe. Herr Sennefeld machte das so, damit keiner vom anderen abschreiben konnte, aber Kathi hatte längst herausgefunden, dass es immer die gleichen Aufgaben waren, nur dass sie in der B-Gruppe in einer anderen Reihenfolge standen.

Mit einem Blick stellte Kathi fest, dass ihr die Arbeit wohl keine Mühe bereiten würde. Tina jammerte aber immer noch. Kathi nahm sich vor, ihr ein bisschen zu helfen.

Herr Sennefeld stand nun wieder vor der Klasse und sagte, was er in solchen Situationen immer sagte: „Macht euch keine Sorgen! Ihr werdet es schon schaffen! Macht die Aufgaben zuerst, die euch leicht fallen! Guckt nicht auf das Heft vom Nachbarn, der hat andere Aufgaben! Schreibt nicht ab, ihr könntet auch die Fehler abschreiben!"

Kathi schielte möglichst unauffällig hinüber zu Thorsten. Er saß alleine an einem Tisch, weil sein Nachbar heute fehlte und starrte auf das Arbeitsblatt. Es war nicht schwer zu erkennen, dass auch er Probleme mit den Matheaufgaben hatte. Er tat Kathi Leid. Sie fand es sowieso schrecklich, wenn eine Arbeit geschrieben wurde. Einige hatten so große Angst, dass sie an einem solchen Morgen gar nichts essen konnten oder Durchfall kriegten. Kathi fiel das Lernen in der Schule nicht so schwer. Sie bekam meistens gute Noten. Aber sie wusste, wie schrecklich solche Situationen für einige Kinder in der Klasse waren.

Sie hätte Thorsten auch gern geholfen. Er bemerkte ihren Blick. Kurz schaute er sie an, dann wandte er sich ab. Aber sie konnte den Blick lesen. Er sagte: „Wie soll ich das schaffen?"

„Armer Thorsten", dachte Kathi und ihr wurde wieder heiß in der Magengegend.

„So, hat noch jemand eine Frage?" Herr Sennefeld schaute in die Runde. Plötzlich fiel Kathi etwas ein. Sie meldete sich.

„Kathi?" Herr Sennefeld schaute sie freundlich an.

„Wenn Sie uns jetzt prüfen, ob wir rechnen können, dann müssen Sie aber beweisen, dass Sie es auch selber können."

„Willst du mir eine Aufgabe stellen?"

„Genau! Wie viel gibt zweimal sieben?"

„Äh, da muss ich überlegen. Warte! Ein mal sieben ist ... äh ... Ach jetzt komme ich nicht drauf. Gestern wusste ich es noch genau. Ehrlich! Nein warte, lass mich raten ... Äh, ich glaube, vierzehn."

Alle lachten. Herr Sennefeld machte gerne solchen Blödsinn mit.

„Falsch!", triumphierte Kathi. „Ganz falsch!"

Herr Sennefeld machte große Augen. „Falsch? Oje!" Die Klasse tobte.

„Wie viel gibt denn zwei mal sieben?", fragte er scheinbar eingeschnappt.

„Na, viel feineren Sand als nur einmal sieben!", antwortete Kathi triumphierend.

Herr Sennefeld lächelte auf eine Weise, die Kathi das Gefühl gab, er kannte den Witz und hatte nur mitgespielt.

„Na schön", sagte er, „ich hoffe, ihr könnt besser rechnen als ich! Ihr habt Zeit bis zur Frühstückspause."

Es wurde leise in der Klasse. Alle rechneten still vor sich hin. Nach fünf Minuten stupste Tina sie an und zeigte auf Aufgabe 2. Kathi schielte hinüber und zeigte dann mit ihrem Füller auf ihr eigenes Blatt. Tina starrte angestrengt darauf und schrieb die richtige Lösung ab.

Plötzlich stand Herr Sennefeld vor ihrem Tisch. „Bitte schau nur auf dein eigenes Blatt, Tina!", sagte er freundlich, aber bestimmt. Tina wurde rot und ließ den Blick gesenkt. Herr Sennefeld entfernte sich wieder. Kathi schaute Tina an. Sie hatte Panik im Gesicht. Was sollte Kathi denn machen? Sie zeigte wieder auf ihr Blatt und tippte mit dem Füller auf eine Aufgabe. Tina schaute sicherheitshalber erst nach vorne. Aber Herr Sennefeld kramte am Pult mit dem Rücken zu ihnen, also warf sie wieder einen Blick auf Kathis Arbeitsblatt und begann zu schreiben. Das ging eine Weile gut. Plötzlich hörten sie Herrn Sennefelds Stimme quer durch die Klasse: „Tina! Mensch!"

Tina ließ vor Schreck den Stift fallen.

„Ich will nicht wissen, ob Kathi auch noch deine Aufgaben lösen kann, sondern ob du es alleine kannst. Kathi, setz dich bitte neben Thorsten!"

Ausgerechnet neben Thorsten. Augenblicklich wurde Kathi rot. Einige in der Klasse lachten. Sie nahm ihren Tornister, ihr Arbeitsblatt, das Mäppchen und Willi und näherte sich Thorstens Platz. In der Klasse war ein allgemeines Murmeln und vereinzeltes leises Lachen zu hören. Herr Sennefeld ermahnte alle weiterzuarbeiten und langsam wurde es wieder etwas ruhiger in der Klasse.

Kathi hatte alle Pflichtaufgaben gerechnet und las nun die Zusatzaufgaben. Aus lauter Neugier schielte sie auf Thorstens Arbeitsblatt. Sofort bemerkte sie, dass er auch das A-Gruppen-Blatt hatte wie sie selber. Herr

Sennefeld hatte beim Umsetzen nicht darauf geachtet. Und ebenso schnell bemerkte sie, dass er noch nicht so weit war wie sie und dass er einige Aufgaben falsch gerechnet hatte. Sie stupste ihn an und zeigte auf eine Aufgabe in ihrem Heft. Erst schaute er nach vorne, dann auf ihr Blatt, dann blickte er ganz kurz Kathi an. Er lächelte. Sie fühlte ihre Ohren heiß werden und wie es in ihrem Kopf pochte.

Kathis Blick ging immer wieder hinüber zu ihrer Freundin, die ihren Kopf in beide Hände gestützt hatte und auf ihr Arbeitsblatt starrte. Von der Seite konnte Kathi sehen, dass sie Tränen in den Augen hatte; ob von der Verzweiflung, die Aufgaben nicht lösen zu können, oder weil ihr peinlich war, erwischt worden zu sein, wusste Kathi nicht, war aber letztlich egal. Tina war ihre Freundin und sie wollte ihr unbedingt helfen. Aber wie? Herr Sennefeld stand jetzt da vorne auf der Lauer und ihm würde nichts entgehen. Sie konnte ja kaum Thorsten helfen, der immerhin neben ihr saß und das gleiche Blatt bearbeitete wie sie selber.

Herr Sennefeld musste abgelenkt werden. Das war die einzige Chance. Aber wie konnte man ihn so ablenken, dass sie Tina helfen konnte? Bis zu Tina kam sie nur, wenn er den Raum verließ und das würde Herr Sennefeld während einer Klassenarbeit niemals tun. Verdammt, warum fiel ihr denn nichts ein? Ja, er würde die Klasse verlassen, wenn etwas Wichtiges außerhalb des Raumes passierte. Etwas, das seine Aufmerksamkeit forderte, das ihn zwang, sich darum zu kümmern.

Sie grübelte und grübelte ...

Und dann hatte sie die Idee.

Leise öffnete sie den Tornister und winkte Gregor. Der sprang auf ihren Schoß unter das Pult. Während sie die Hand über ihren Mund hielt, damit es aussah, als würde sie angestrengt rechnen, flüsterte sie Gregor Anweisungen zu. Der verstand sofort. Nicht einmal Thorsten bemerkte etwas davon.

Kurze Zeit später hörte man auf dem Gang Stimmen: „Lass mich los!" „Willst du 'n paar in die Schnauze, oder was?"

Augenblicklich unterbrachen alle ihre Arbeit und schauten abwechselnd zur Klassentüre und zu Herrn Sennefeld. Der zögerte nicht lange und eilte zur Türe, öffnete sie, schaute hinaus, stutzte, öffnete die Türe noch weiter, schaute jetzt auch noch hinter die Türe, kam wieder herein, zuckte mit den Schultern und sagte zu den Kindern: „War nichts! Lasst euch nicht ablenken! Arbeitet weiter, ihr habt noch zwanzig Minuten."

Im gleichen Moment, als Herr Sennefeld draußen war, hatte sie Thorsten mit einem Blick bedeutet, die richtigen Lösungen von ihrem Blatt abzuschreiben.

Thorsten zu helfen war so kein Problem. Aber Tina saß zwei Tische weiter. Herr Sennefeld musste schon etwas länger abgelenkt werden, damit Kathi auch ihr helfen konnte.

Sie flüsterte mit Gregor und behielt dabei die ganze Zeit Herrn Sennefeld im Auge, der wieder vor der Klasse Platz genommen hatte.

Plötzlich hörte man draußen wieder Stimmen: „So, jetzt bist du dran!", und eine andere Stimme: „Aus dir mach' ich Gehacktes!" Herr Sennefeld sprang auf, eilte auf den Gang und Kathi raste im gleichen Augenblick zu Tina, riss ihr das Arbeitsblatt vom Tisch und tauschte es gegen ihr eigenes aus. Tina starrte ihre Freundin an, öffnete ihren Mund, brachte aber keinen Ton heraus. Kathi hastete quer durch die Klasse zurück an ihren Platz. Draußen hörte man Geschrei auf dem Gang und an der Treppe. Sie hörten Herrn Sennefeld über den Flur brüllen: „Was ist denn da los, verdammt noch mal!"

Kathi machte sich sofort an das Lösen der Aufgaben auf Tinas Blatt. Alle Kinder starrten Kathi an.

„Glotzt nicht so!", fauchte sie.

Herr Sennefeld kam wieder zurück in den Klassenraum. Er schüttelte den Kopf. „Das ist doch unglaublich, da draußen!"

Kathi rechnete derweil zügig weiter, denn Tina hatte noch nicht viele Aufgaben gelöst. Sie gab sich Mühe, so wie ihre Freundin zu schreiben. Da sie aber nur Zahlen eintragen musste, ging es ganz gut. Und sie kam schnell voran, weil sie ja alle Aufgaben in anderer Reihenfolge bereits einmal gerechnet hatte.

Die ersten Kinder gaben ihre Blätter ab. „Ihr habt noch fünf Minuten! Die Kinder, die fertig sind, verhalten sich bitte leise, um die anderen nicht zu stören", mahnte Herr Sennefeld.

Endlich war Kathi auch mit Tinas Arbeitsblatt fertig.

Sie raunte Gregor zu: „Los, Gregor, mach!" Er wusste, was zu tun war und im gleichen Moment hörte man draußen wieder die streitenden Kinder. Alle schauten erwartungsvoll Herrn Sennefeld an.

„Jetzt ist aber Schluss!", sagte dieser. „Jan, du bist schon fertig. Sieh mal nach, wer da draußen immer diesen Krach macht!"

Jan schaute verdutzt drein. Obwohl er sich das Ganze nicht erklären konnte, war ihm klar, dass unbedingt Herr Sennefeld selber nachsehen musste. Schließlich musste Kathi ja noch ihr Arbeitsblatt wieder zurücktauschen.

„Ich habe Angst, Herr Sennefeld! Vielleicht wollen die mich ja auch verhauen, da draußen." Inzwischen war der Krach vor der Türe heftiger geworden.

„Jan, du sollst nur nachsehen, wer da draußen ist!"

Man spürte, dass Jan nicht wusste, was er noch sagen sollte. Mit einem Blick streifte er Kathi.

„Was guckst du Kathi an? Soll sie lieber nach draußen gehen und nachsehen? Na, du bist mir einer! Herrje, dann gehe ich halt selber!" Er stand auf und ging zur Türe. Kathi lag auf der Lauer. Im gleichen Moment, als er draußen war, sprang sie auf und eilte in Richtung Tina. Sie hatte deren Tisch fast erreicht, da stand Herr Sennefeld wieder in der Türe, obwohl draußen noch ein heftiger Kampf zu toben schien.

„Kathi, was machst du da?"

In Kathi wurde alles heiß und gleichzeitig schwer wie Blei. Sie stand da mit Tinas Blatt in der Hand und wurde puterrot.

„Ich ... ich ...", stotterte sie. Die Klasse schien vor ihren Augen zu verschwimmen. Ihr Herz schlug heftig in ihrer Brust. Was sollte sie sagen? Alles beichten? Nein! Aber was dann? Für einen Moment vergaß sie zu atmen. Sie schnappte nach Luft. Als stünde sie neben sich, hörte sie ihre Stimme, die sagte: „Ich wollte abgeben!"

„Ach so! Na, dann gib her!" Oh nein, ein blöder Einfall! Jetzt wollte er Tinas Blatt haben! Was sollte sie tun? Panik! Sie konnte nicht denken. Sie hatte Angst, ihre

Beine würden sie nicht mehr tragen, so schlapp fühlten sie sich an. Ein Schweißtropfen suchte sich einen Weg von ihrer Stirn zu ihrem linken Auge. Aber sie traute sich nicht ihn wegzuwischen. Sie konnte sich gar nicht rühren. Vielleicht konnte sie sich ja nie mehr bewegen. Wie lange stand sie jetzt schon mitten in der Klasse? Mit Tinas Blatt in der Hand!

„Kathi?", fragte Herr Sennefeld.

Weit entfernt hörte sie die Besorgnis in der Stimme ihres Lehrers. Wenn ihr nicht bald etwas einfiel ...

Plötzlich entdeckte sie unter den vielen Gesichtern, die sie anstarrten, Tina. Und dann kam ihr endlich der rettende Einfall. Langsam setzte sie sich in Bewegung. In Höhe von Tinas Platz ließ sie wie zufällig das Blatt fallen. Während sie sich danach bückte, warf sie ihrer Freundin einen flehenden Blick zu. Würde sie kapieren? Bitte, Tina!

Als sie sich wieder aufgerichtet hatte, sagte Tina mit zitternder Stimme: „Kathi, nimmst du mein Blatt auch mit?"

Hallelujah! Das war knapp! Lässig nahm sie ihre eigene Arbeit an sich, ging nach vorne und versuchte, irgendwie normal zu gucken. Herr Sennefeld griff nach den Blättern, schaute Kathi an, runzelte die Stirn, wurde aber abgelenkt, weil sie draußen einen Schrei hörten. Herr Sennefeld legte die Arbeiten auf den Tisch und stürzte wieder nach draußen.

Schnell kam er wieder zurück. „Kennt einer die Stimmen? Ich hab' die noch nie gehört!" Natürlich kannte er sie nicht, weil Gregor irgendwelche Kinderstimmen nachgemacht hatte, die er auf der Straße gehört hatte.

„Ihr könnt jetzt frühstücken!", sagte er, während er immer noch den Kopf schüttelte.

In der Hofpause standen Tina und Kathi wieder zusammen.

„Du warst eine Wucht, Kathi! Vielen Dank!"

„Schon gut!"

„Wenn diese Idioten da draußen nicht so einen Rambazamba gemacht hätten, wäre diese Mathearbeit garantiert danebengegangen."

Tina war immer noch völlig außer sich. Aber auch Kathi konnte sich nicht so recht beruhigen. In der Frühstückspause hatten ihre Hände gezittert, als sie sich vorstellte, was gewesen wäre, wenn Herr Sennefeld bemerkt hätte, dass Tinas und Kathis Blätter vertauscht waren. Aber der Stress hatte sich gelohnt, denn Tina wusste, dass sie nun eine gute Note bekommen würde, was bedeutete, dass es vielleicht noch mit einer Vier auf dem Zeugnis klappen konnte.

Plötzlich stand Thorsten vor ihnen.Er lächelte schüchtern.

„Vielen Dank, Kathi!"

„Keine Ursache! Hab' ich gern getan!"

„Du kannst echt schnell rechnen."

„Ach, es ..."

„Ey, Thorsten, bist du bekloppt?!" Markus stand in zwei Meter Entfernung hinter ihnen, umringt von den anderen Jungs aus der Klasse.

Thorsten drehte sich zu Markus um. „Warum soll ich bekloppt sein?"

„Unser Schwur, du Blödmann!", sagte der mit verschränkten Armen.

„Ich scheiß' auf euren Schwur! Kathi hat mir bei der Mathearbeit geholfen und ich habe mich bei ihr bedankt. Was dagegen?"

„Allerdings! Ganz schön peinlich, sich von einem Mädchen bei der Mathearbeit helfen zu lassen! Du kannst ihr ja als kleines Dankeschön beim Puppenkleiderwechseln helfen." Die anderen Jungs grölten.

Thorsten schaute unsicher, dennoch sagte er: „Kathi war verdammt mutig. Ich weiß nicht, wer von uns sich das getraut hätte. Sie hat Tina und mir geholfen und es war ihr egal, ob Junge oder Mädchen. Weißt du was, Markus, dieser Schwur war wirklich eine saublöde Idee. Ich rede mit den Mädchen jetzt so viel und so lange ich will!"

Kathi bemerkte, dass seine Stimme ein bisschen zitterte.

„Es ist dir ja klar, dass du dann nicht mehr in unserer Bande bist, Thorsten! Kommt, Leute, der ist für uns gestorben!" Markus drehte sich um. Nur Tobias und Dennis gingen sofort mit, die anderen Jungen standen immer noch unschlüssig da.

„Los kommt!", befahl Markus.

Jan verschränkte die Arme. „Ich finde den Schwur auch bescheuert! Ich mach' nicht mehr mit!" Jan war Thorstens bester Freund.

„Dann bleib doch bei deinem Freund. Vielleicht lassen dich die beiden beim Puppenspielen mitmachen!" Diesmal grölten die anderen nicht mit.

Markus blickte hektisch von einem Jungen zum anderen. Sven sagte: „Ich hab' auch keinen Bock mehr auf die Bande!", und starrte zu Boden.

Nun sagten immer mehr, sie wollten nicht mehr mitmachen. Markus wurde wütend. „Ihr seid ja alle bescheuert!", brüllte er so laut er konnte und ging mit seinen zwei besten Freunden davon.

Nun standen sie alle mehr oder weniger verlegen herum.

Kathi ergriff als Erste das Wort: „Das war aber auch ganz schön mutig, Thorsten!"

Thorsten zuckte mit den Schultern. „Es war von Anfang an ein blöder Schwur."

Jan mischte sich ein: „Sag mal, Kathi, hast du die zwei Streithähne draußen auf dem Gang eigentlich bestellt?"

„Wie kommst du denn darauf?" Hatte er etwa Gregor bemerkt?

„Na, die kamen ja immer im richtigen Moment! Und wenn Herr Sennefeld rausging, war nie einer zu sehen."

„Vielleicht waren es ja Gespenster!", meinte Sven. Alle lachten. Kathi wurde blass. Sie glotzte Sven an. Es klingelte. Alle rannten zurück ins Schulgebäude. Kathi atmete laut aus, dann folgte sie den anderen.

Kapitel 7

Ist der echt?

Nach der Schule ließ sich Kathi viel Zeit für den Heimweg. Ihre Mutter würde ohnehin erst in einer Stunde von der Arbeit kommen. Sie kam an einem Schnellimbiss vorbei.
„Als Belohnung für die aufregende Mathearbeit ist eine riesige Portion Pommes mit Majo genau das Richtige", überlegte sie.
„Und was ist mit mir? Ich habe auch Hunger!", meldete sich Gregor, als sie die Tür zur Frittenbude öffnete.
„Du kommst später dran!", antwortete Kathi. „Deine Belohnung ist ein ganzes Netz voller Blutorangen vom Markt. Aber kluge Mädchen denken an sich selbst zuerst."
„Hm!", machte Gregor, sagte aber nichts mehr.
Während sie ihre Bestellung aufgab, öffnete sich die Türe ein weiteres Mal und Thorsten trat ein. Er lächelte und bestellte Pommes frites mit Ketschup.
„Igitt, Ketschup!", sagte Kathi und strahlte ihn an.
Nachdem sie bezahlt hatten, schlenderten sie zum nahe gelegenen Park, setzten sich auf eine Bank und aßen wortlos. Immer wieder schielte Kathi Thorsten von der Seite an.
Nach einer Weile meinte sie: „Hast du deinen Schwur wieder erneuert oder warum sagst du nichts?"
„Ach was!", antwortete Thorsten mit vollem Mund. „Ich hab' nur einen Riesenkohldampf."
Kathi beobachtete einen kleinen Ketschuptropfen an Thorstens Mundwinkel.

„Ich hab' noch kein Mädchen kennen gelernt, das so mutig ist wie du!", sagte er und wischte sich den Mund mit der Serviette ab. Der Ketschuptropfen war verschwunden.

„Hör auf! Du brauchst das nicht dauernd zu sagen. Du hast dich schon bedankt." Und nach einer Weile: „Ich hätte auch nicht jedem Jungen geholfen."

Thorsten hob den Kopf und blickte Kathi in die Augen. Kathi dachte: „Er wird genauso rot, wie ich schon bin", als sie jäh gestört wurden.

„Jetzt guckt euch mal das Liebespärchen an!" Markus stand breitbeinig vor den beiden und wippte auf den Zehenspitzen, seine beiden Freunde Dennis und Tobias hinter ihm grinsten dreist. Er ging auf Kathi zu, nahm sich ein paar Fritten aus ihrer Pappschale und sagte überflüssigerweise: „Ich darf doch!"

Thorsten stand von der Bank auf, warf seine Serviette in den Abfalleimer und sagte: „Markus, das Einzige, was du darfst, ist abhauen!"

„Oh! Unser Held! Muss sich vor seiner Geliebten aufspielen!" Die anderen lachten laut.

Kathi wurde sauer. Sie mischte sich ein: „Verschwindet, ihr Blödmänner! Es reicht, dass man euch in der Schule aushalten muss!" Das war keine sehr kluge Bemerkung, denn es war nicht ratsam, Markus wütend zu machen, aber sie wollte sich nichts gefallen lassen.

„Wie wär's mit einem neuen Schwur: Ihr redet mit gar keinem mehr! Da würdet ihr den meisten in der Schule einen großen Gefallen tun."

„Ach, guck mal an! Unser superschlaues Mathehäschen kommt dem Schlaffi zu Hilfe! Der kann sich leider nicht alleine wehren! Thorsten, du hast wirklich Glück gehabt mit deiner neuen Geliebten. Die hilft dir immer.

Beim Rechnen und gegen die bösen Jungs in der Schule."

„Halt endlich die Schnauze, du Blödmann!" Thorsten war knallrot im Gesicht.

Kathi hörte ein leichtes Zittern in seiner Stimme.

Gleich würde es zu einer Prügelei kommen und Thorsten hatte gegen die drei keine Chance. Aber sicher hatte er auch Angst, sich vor Kathi zu blamieren, wenn er sich all die Unverschämtheiten von Markus gefallen ließ.

„Was sagst du da? Du sagst 'Blödmann' zu mir?", Markus' Stimme wurde hämisch und kalt. Mit langsamen, schlendernden Schritten näherte er sich Thorsten, bis er nur wenige Zentimeter vor ihm stand.

„Weißt du, was du bist, du blöder kleiner Penner? Ich glaube, du bist in Wirklichkeit gar kein Junge! Du bist ein Mädchen! Und deshalb lässt du am besten mal deine Hosen runter, dann wissen wir es ganz genau!"

Markus griff nach Thorstens Hosengürtel, da hörten sie Herrn Sennefelds Stimme: „Markus, was soll das? Hör auf mit dem Unsinn!"

Markus ließ augenblicklich Thorstens Hose los und blickte sich hektisch um. Doch Herr Sennefeld war nirgends zu sehen.

Kathi erfasste blitzschnell die Situation. Gregor!

„Ach, Herr Sennefeld, seien Sie nicht so streng! Markus hat nur Spaß gemacht."

Thorsten glotzte.

Was war hier los? Woher kam Herrn Sennefelds Stimme? Mit wem sprach Kathi?

Als Markus sich überzeugt hatte, dass kein Lehrer in der Nähe war, wurde er wieder mutiger.

„Thorsten, mein Kleiner, kannst du bauchreden? Ist ja

toll! Leider hilft dir das nicht, wenn ich dir jetzt die Fresse poliere!"

Er näherte sich Thorsten erneut, als wieder die Stimme von Herrn Sennefeld zu hören war: „Markus, jetzt ist Schluss mit dem Unsinn! Treib es nicht so weit, dass ich wieder deine Eltern herbestellen muss!"
Jeder wusste, das war das Schlimmste, was Markus passieren konnte und Herr Sennefeld drohte damit auch nur im äußersten Notfall, denn Markus' Vater war äußerst streng. Er verhängte wochenlangen Stubenarrest und hatte ihn sogar mal verhauen.

Markus hielt inne. Er war verunsichert. Die Stimme kam ganz offensichtlich nicht aus Thorstens Bauch, denn der stand ja genau vor ihm. Andererseits war Herr Sennefeld aber nicht zu sehen.
„Herr Sennefeld?" Markus' Stimme klang unsicher. Er räusperte sich.
„Ja, Markus?", kam die prompte Erwiderung.
„Äh, ich sehe Sie nicht."
„Macht das was?"
„Äh, nein! Natürlich nicht!"
„Es geht doch eher darum, ob es richtig ist, was du da tust."
Kathi war begeistert. Gregor redete ganz genauso wie Herr Sennefeld.
Dennis meldete sich zu Wort: „Ich sehe Sie auch nicht, Herr Sennefeld!"
„Mit dir rede ich später, Dennis!", entgegnete Gregor mit strenger Lehrerstimme. Dennis war sofort still und blickte Tobias ratlos an. Der fühlte sich auch sichtlich unwohl. Kein Wunder, er war sowieso nicht der Mu-

tigste und fühlte sich nur in Begleitung von Dennis und Markus groß und stark. Bei Herrn Sennefeld traute er sich nie, Unsinn zu machen.

„So, Markus, ich warte immer noch auf eine Antwort! Ich habe nicht ewig Zeit, mich mit dir hier zu unterhalten. Was schlägst du vor?"

„Was soll ich vorschlagen?" fragte Markus mit belegter Stimme zurück. Er schaute immer wieder in alle möglichen Richtungen, konnte aber seinen Lehrer natürlich nirgends entdecken.

„Menschenskind, Markus, nun reiß dich mal zusammen!" Herrn Sennefelds Stimme wurde um einige Grade schärfer. „Du führst dich hier auf wie der letzte Raufbold und dann fragst du mich, was du machen sollst? Dann werde ich es dir sagen: Du wirst dich jetzt entschuldigen und für morgen schreibt ihr alle drei auf mindestens einer Seite im Heft Gründe, warum man seine Klassenkameraden nicht ärgern soll! Ist das klar?"

„Ich ...", stotterte Markus.

„Ob das klar ist, will ich wissen?", donnerte Herr Sennefeld. Dennis und Tobias nickten vor sich hin und Kathi konnte sich kaum noch halten vor Lachen. Sie biss sich auf die Lippen, um nicht loszuprusten.

„Du gibst jetzt Thorsten die Hand. Oder fehlt dir dazu der Mut, Markus?"

Gregor sprach mit genau der Stimme, die den Kindern in der Schule klar machte, Herr Sennefeld war am Rande seiner Geduld.

Das wusste auch Markus. Daher musste er eine Entscheidung fällen. Entweder tat er so, als gäbe es Herrn Sennefeld nicht, und es konnte zum ganz großen Ärger kommen oder er entschuldigte sich und stand vor Thorsten und seinen eigenen Freunden blöd da. Denn das konnte hier auch alles ein mieser Trick sein und er machte sich lächerlich, wenn er sich entschuldigte.

„Herr Sennefeld, ich ..." Weiter kam Markus nicht, denn Herr Sennefeld sagte barsch: „Dennis und Tobias, ich sehe, das wird noch länger dauern. Ihr geht nach Hause und macht euch an die Arbeit. Tschüss!"

Das kam so überzeugend, dass Tobias und Dennis keine Sekunde zögerten, sich umdrehten und abzogen.

Nun sah sich Markus Kathi und Thorsten alleine gegenüber. Ohne seine Freunde im Rücken fühlte sich Markus auch nicht mehr so stark.

Da hörte er plötzlich die Stimme von Tina: „Ach wie schön! Markus macht mal wieder Stunk! Dem fällt auch nichts Neues mehr ein!"

Das war die typisch zickige Art von Tina. Thorsten und Markus blickten beide um sich. Tina war natürlich auch nicht zu sehen.

Als Thorsten Kathi fragend ansah, zwinkerte sie mit einem Auge und grinste. Er wusste zwar nicht, was das alles zu bedeuten hatte, aber Kathi schien zu wissen, was hier los war.

Er fasste Mut und sagte: „Hallo Tina, hast du einen neuen Anorak?"

„Schick, was?"

„Willst du mich auf den Arm nehmen?", fragte Markus herausfordernd, aber sein Blick eilte unsicher hin und her.

Und mit Tinas schnippischer Art fuhr Gregor fort: „Hast du kein Fußballtraining heute, Markus? Wir werden uns langweilen im Morgenkreis."

„Halt die Klappe, Tina!", raunzte Markus.

„Knall mir doch eine, wenn du kannst!", entgegnete Tina und lachte.

„Zeig dich und du kriegst eine verpasst!"

„Markus, bist du blind?", mischte sich Kathi ein. „Da steht sie doch!", sagte sie und zeigte irgendwo in Richtung Rasen.

„Man muss ihm schon genau zeigen, wohin er kloppen soll!", hörte man Tinas Stimme. „Wenn er alles selber entscheiden muss, ist es doch zu schwer für ihn."

„Ich mache mir ein bisschen Sorgen um Markus", meinte Thorsten, hielt vier Finger vor Markus' Gesicht und fragte: „Wie viele Finger sind das, Markus?"

„Meinst du, er kann bis vier zählen?", lachte Tina. „Nun komm endlich! Ich habe nicht ewig Zeit!"

„Komm du doch!", erwiderte Markus und guckte wild um sich.

„Soll das ein Witz sein? Ich steh' doch hier! Da, riech mal meine Fäuste!"

Plötzlich mischte sich Kathi ein: „ Tina, lass den Knüppel liegen, das ist unfair!" Sie musste sich Mühe geben, überzeugend zu klingen, denn sie kämpfte ständig mit einem Lachanfall. Gregors Vorstellung war einfach perfekt.

Markus stand die Panik im Gesicht. Vielleicht waren hier übernatürliche Kräfte im Spiel, wie in den Sendungen im Fernsehen. Oder er war im Begriff verrückt zu werden. Er schnappte womöglich über. Er hörte Stimmen, die nicht da waren. Besser, er machte sich jetzt dünne.

„Pass auf, Markus", sagte Thorsten freundlich, „wir vergessen die Sache. Geh jetzt einfach nach Hause!"

Markus ging langsam rückwärts, mit offenem Mund und großen Augen, stolperte über seinen Tornister, packte ihn und rannte dann los.

Als er endlich außer Sichtweite war, konnte sich Kathi nicht mehr halten. Sie brüllte vor Lachen, hielt sich den Bauch und presste immer wieder unverständliche Laute heraus, wobei sie in Markus' Richtung zeigte. Sie konnte sich gar nicht beruhigen. Irgendwann bemerkte sie, dass Thorsten sie ratlos ansah.

„Du müsstest mal sehen, wie du aus der Wäsche guckst!", sagte Kathi und musste wieder lachen.

„Mir ist egal, wie ich gucke! Aber ich würde gerne wissen, was sich hier abgespielt hat. Oder bin ich verrückt geworden?"

„Nein, keine Angst! Es ist alles mit rechten Dingen zugegangen." Sie stutzte kurz. „Also, wie man's nimmt ..."

„Was heißt das? Ich verstehe nur Bahnhof! Hast du eine Erklärung oder nicht?" Thorsten war ein bisschen sauer, weil er sich von Kathi auf den Arm genommen fühlte.

„Nimm's nicht tragisch!", ertönte Tinas Stimme.

„Wir können in Ruhe darüber reden." Das war Herrn Sennefelds Stimme.

„Gregor, hör auf, ich kann nicht mehr!", brüllte Kathi und schnappte zwischen ihren Lachanfällen japsend nach Luft.

„Gregor? Wer zum Teufel ist denn Gregor? Kathi, verdammt noch mal! Was ist hier los?"

Langsam kam Kathi wieder zu Atem. Sie schaute Thorsten an und ihr wurde klar, dass sie kaum eine Chance hatte, Gregor noch vor Thorsten geheim zu halten. Aber wie würde er damit umgehen? Konnte er

das Geheimnis für sich behalten? Was sollte sie tun? Sie musste nicht weiter überlegen, denn sie bemerkte Thorstens entgeisterten Gesichtsausdruck. Er starrte auf ihren Tornister, auf dem Gregor saß und grinste.

„Warum lauf' ich nicht weg?", stotterte er. „Warum schrei' ich nicht? Ich bin verrückt! Schließlich sehe ich Gespenster!"

„Also ich sehe nur ein Gespenst!", sagte Kathi erschöpft.

„Du siehst es auch?", fragte Thorsten etwas blöde. Und nach einer Pause: „Aber du meinst, ein Gespenst auf deiner Schultasche ist normal?"

„Wenn ich mich vorstellen darf: Gregor von Gutenbrink aus dem Hause derer von Niederfahrenhorst auf Burg Kummerschreck, von Beruf Geisterbahngespenst, derzeit zu Gast bei Kathi Schroeren, deiner Klassenkameradin." Gregor machte wieder diese schwungvolle Bewegung mit dem Kopf, wobei er mit einem seiner Ärmchen eine Schlangenlinie in der Luft beschrieb.

„Ist der echt?", fragte Thorsten zweifelnd.

„Ich weiß nicht, ob man das bei Gespenstern so sagen kann", grübelte Kathi.

„Ich dachte, Gespenster gibt es gar nicht."

„Das ist die Meinung der Erwachsenen. Ich bin ein echtes Gespenst, in aller Bescheidenheit", meinte Gregor.

„Aha", sagte Thorsten.

Kathi wurde klar, dass hier zwei Kinder mit einem Gespenst in einem öffentlichen Park saßen. So etwas konnte Aufsehen erregen. Und bevor sich Gregor noch anderen Leuten zeigte, schlug sie vor: „Kommt, gehen wir zu mir nach Hause, bevor wir hier zu sehr auffallen."

Thorsten nickte mit offen stehendem Mund. Während sie Richtung Kepplerstraße gingen, wo Kathi wohnte, schaute Thorsten immer wieder unsicher auf den Tornister, in den sich Gregor erneut zurückgezogen hatte.

„Ach, wir müssen noch kurz über den Markt gehen und Blutorangen kaufen; die hat er sich verdient", sagte Kathi plötzlich und wechselte die Straßenseite.

„Wer hat sich Blutorangen verdient?", fragte Thorsten.

„Gregor natürlich. Weißt du etwa nicht, wovon sich Gespenster ernähren?"

Thorsten starrte Kathi wieder an. Was war das denn für eine Frage? Kathi lächelte nur, stieß ihn leicht in die Seite und rief, während sie loslief: „Los, komm endlich! Du wirst schon noch alles verstehen!"

Thorsten seufzte und folgte ihr. Nach dem Einkauf gingen sie gemeinsam zu Kathi nach Hause.

Kapitel 8

Das ist die Lösung!

Als Kathi die Haustür aufschloss, stand ihre Mutter im Flur. „Hallo Trödeltante! Auch schon da?!"
„Wir hatten eine etwas längere Diskussion mit Markus", meinte Kathi.
„Tag, Frau Schroeren", sagte Thorsten brav.
„Hallo!" Mama schaute sich Thorsten genau an und fragte: „Bist du nicht der Junge aus dem Zoo?"
„Ja genau!", sagte Kathi schnell. „Mama, wir haben keine Zeit, wir müssen arbeiten."
„Ich denke, ihr habt heute eine Mathearbeit geschrieben! Wie lief's überhaupt?"
„Gut!" Kathi zerrte Thorsten an ihrer Mutter vorbei, Richtung Treppe.
„Habt ihr keinen Hunger?", rief sie hinterher.
„Nee, uns ist der Appetit vergangen."

Endlich waren sie ungestört. Sie setzten sich auf Kathis Bett. „Musst du eigentlich nicht mal nach Hause?"
Thorsten schüttelte den Kopf. „Meine Eltern sind arbeiten." Er begann Siegfried zu streicheln, der sich dort zusammengerollt hatte. Während der Kater wohlig schnurrte, entstieg Gregor dem Tornister und meckerte: „Ganz schön rappelig in so einem Tornister. Ich bin fast seekrank geworden."
„Mecker nicht, Gregor! Iss lieber ein paar Blutorangen."

Neugierig beobachtete Thorsten Gregor beim Verspeisen der Apfelsinen. Noch immer schlug sein Herz wie wild. Er hatte längst begriffen, dass die besonderen „Geisterfähigkeiten" von Gregor im Nachahmen von Stimmen bestanden. Auf dem Weg zu Kathi in die Kepplerstraße hatten sich seine Gedanken überschlagen. Was war heute alles passiert: Er war am Morgen mit Kribbeln im Bauch wach geworden, weil sie eine Mathearbeit schrieben. Die war diesmal so schwer, dass er schon gedacht hatte, er würde eine Fünf schreiben. Zum Glück musste sich Kathi neben ihn setzen, die die Mathearbeit dann für ihn erledigte. Für sie hatte er den Schwur der Jungen in der Klasse gebrochen. Dann traf er Kathi nach der Schule wieder, aß mit ihr im Park Pommes, wurde von Markus angemacht – was das einzig Normale an diesem Tag zu sein schien – hörte Stimmen von Leuten, die gar nicht da waren, stattdessen lernte er ein Gespenst kennen, das sich in Kathis Tornister versteckte und Gregor hieß. Und dieses Gespenst wohnte offensichtlich bei Kathi und er saß jetzt bei ihr auf dem Bett und schaute diesem Gespenst zu, wie es ausgerechnet Blutorangen aß.

„Wahnsinn!", sagte Thorsten.

„Was? Gregor?", fragte Kathi.

„Alles ... irgendwie."

„Thorsten, du darfst mit keinem Menschen über Gregor sprechen! Das musst du mir schwören. Wenn einer der Erwachsenen von einem Gespenst in meinem Zimmer erfährt, dann ist die Zeit mit Gregor vorbei. Du weißt doch, wie die Erwachsenen sind. Sie werden finden, dass der Umgang mit einem Gespenst nicht das Richtige für ein kleines Mädchen ist ..."

Thorsten nickte nur. Er kannte das. Einmal hatte er Frösche gefangen und in seinem Zimmer versteckt. Seinem kleinen Bruder hatte er das Geheimnis anvertraut und der hatte es nur bis zum Abendessen für sich behalten können. Natürlich mussten die Frösche sofort raus aus seinem Zimmer, obwohl sie in einem Glas saßen und keinen Krach oder Dreck machten. Aber ein Frosch war immer noch etwas anderes als ein Gespenst, das Blutorangen aß ...

„Natürlich verrate ich nichts. Aber es wird trotzdem irgendwann herauskommen", meinte Thorsten nachdenklich. „Das geht doch nicht ewig so mit einem Gespenst auf dem Zimmer." Er dachte nach. „Und stell dir vor, wenn Markus und die anderen morgen die Strafarbeiten abgeben. Spätestens dann wird alles herauskommen."

„Auweia, ja, die Strafarbeiten!", dachte Kathi.

Sie saßen schweigend da und hingen ihren Gedanken nach. Nur das Schmatzen von Gregor war zu hören, den das alles nicht zu beunruhigen schien und der genüsslich seine Blutorangen aß.

„Hast du eine Idee?", fragte Kathi. Thorsten schüttelte den Kopf. Plötzlich hörten sie Kathis Mutter aus der Küche rufen: „Wollt ihr was trinken? Ich habe auch Plätzchen!"

Gregor antwortete schnell mit Thorstens Stimme: „Ein kräftiges Bier und ein Mettbrötchen wären mir ehrlich gesagt lieber, Frau Schroeren!"

Thorsten starrte Gregor entgeistert an und Kathi zischte: „Halt die Klappe, Gregor!"

„Was sagst du?", kam es wieder von unten aus der Küche.

„Ja, Mama, gleich!", antwortete Kathi schnell. Und zu

Gregor: „Hör doch mal auf mit deinen Scherzen! Wir haben ein Problem, Gregor, und wir wollen im Moment auf keinen Fall noch eins dazu, auch kein kleines!"

„Ist ja gut!", sagte Gregor schnell und es sah ein bisschen so aus, als ob er schmollte.

Kathi und Thorsten gingen hinunter in die Küche, wo ein Teller mit Plätzchen auf sie wartete. Daneben stand eine Flasche Bier.

„Mett habe ich leider keins mehr, aber ich hoffe, das Bier ist kalt genug ..." Frau Schroeren grinste.

„Äh, nein .., ich meine, ich trinke gar kein Bier ... Vielen Dank!"

„Oh!"

„War nur ein Scherz", fügte Thorsten überflüssigerweise hinzu.

„Da wäre ich ja nicht drauf gekommen. Was war denn los mit Markus? Gab's wieder Streit?"

„Ja", sagte Kathi und war froh, dass ihre Mutter nicht länger auf dem Bier-Thema herumritt, „aber wir haben das schon selber geklärt."

„Dieser Markus braucht mal einen richtigen Dämpfer. Dauernd gibt es Ärger mit ihm. Ich werde mit Herrn Sennefeld reden."

„Oh, das brauchst du nicht, Mama", erwiderte Kathi schnell. „Wir können so was alleine in Ordnung bringen. Herr Sennefeld findet das auch wichtig, dass wir Streitigkeiten selber klären. Stimmt's, Thorsten?"

„Ja, wirklich, Frau Schroeren. Ihre Plätzchen sind übrigens sehr lecker."

„Vielen Dank, Thorsten. Leider habe ich sie nicht selbst gebacken."

Thorsten wurde rot. Kathi merkte es und meinte: „Mama, wir müssen wieder auf mein Zimmer. Wir haben noch Wichtiges zu besprechen." Sie stand auf und zog Thorsten hinter sich die Treppe rauf. Mutter Schroeren runzelte die Stirn und räumte den Tisch ab. Als Kathi und Thorsten das Zimmer betraten, entdeckten sie Gregor auf der Fensterbank. Er hatte ihnen den Rücken zugekehrt und starrte aus dem Fenster. Siegfried maunzte kläglich und rollte sich zusammen.

„Was ist denn hier für eine Stimmung?", fragte Kathi. Langsam drehte sich Gregor um und seine schwarzen Augen schimmerten auf dem grünlichen Hintergrund.

„Weinst du?", fragte Kathi besorgt.

Mit langsamen Bewegungen schwebte Gregor von der Fensterbank auf den Schreibtisch und ließ sich auf einem Berg von Legosteinen nieder, was ihn nicht weiter zu stören schien.

„Es tut mir Leid, Gregor! Du weißt, ich werde schon mal schnell laut ..."

„Ach, das ist es doch nicht!", unterbrach er sie schnell. „Du hast ja Recht. Und Thorsten auch. Ein Gespenst passt einfach nicht in die Welt der Menschen. Es war eine wunderschöne Zeit hier mit euch. Aber ich finde hier kein Zuhause. Und genau danach sehne ich mich, nach einem Zuhause. Ich bin auch nicht mehr der Jüngste. Ich schätze, mindestens 700 Jahre alt; so genau weiß ich das gar nicht. Ich möchte mich gerne zur Ruhe setzen, in Frieden vor mich hingeistern, vielleicht mit einem netten Gespensterfräulein ..."

Kathi und Thorsten starrten Gregor ratlos an. Mit einem Mal begriffen sie, dass sich Gregor immer wie ein Fremder gefühlt haben musste und dass er nicht für alle Ewigkeit in Kinderzimmern wohnen konnte, so wenig wie sich Kathi und Thorsten in einem alten, kalten Schloss wohl gefühlt hätten.

„Willst du etwa zurück in die Geisterbahn?", fragte Kathi.

Gregor schüttelte niedergeschlagen den Kopf. „Nein, bloß nicht. Da will ich nie wieder hin. Nein! Aber ich brauche ein richtiges Gespensterzuhause. Am liebsten möchte ich auf eine alte Burg. Egal ob da noch Menschen leben oder nicht."

Plötzlich fiel Kathi etwas ein: „Deshalb wolltest du Burgen besichtigen, als es darum ging, wohin wir den Ausflug machen. Ich habe nicht verstanden, warum dir das so wichtig ist."

Gregor nickte: „Als ich damals mein jahrhundertealtes Zuhause verlassen habe, konnte ich nicht wissen, dass ein Gespenst wie ich zu einer Burg gehört, wie die Schminke zu Monas Gesicht. Auf einer Burg fühle ich mich nun mal am wohlsten. Tja, so ist das!"

Plötzlich sprang Thorsten auf. „Das ist die Lösung!"

„Schrei hier nicht so rum!" Kathi wollte nicht, dass ihre Mutter ins Zimmer kam und Fragen stellte. „Was ist die Lösung?"

„Hast du denn vergessen, was wir morgen mit der Klasse vorhaben?" Thorsten war aufgeregt.

Kathi schlug sich mit der flachen Hand gegen die Stirn: „Wie konnte ich das vergessen? Natürlich! Unser Thema 'Ritter'!" Und zu Gregor gewandt: „Wir wollen morgen mit der Klasse eine Burg besichtigen. Es ist ein Museum. Dort wohnen keine Menschen mehr, aber man kann sehen, wie die Menschen früher zur Ritterzeit gelebt haben. Das ist vielleicht genau das Richtige für dich. Du kommst morgen jedenfalls mit."

Gregor schaute auf und blickte in zwei strahlende Gesichter. Er wusste nicht, ob ein Rittermuseum ein Zuhause für ihn werden konnte, dennoch hellte sich sein kleines Gespenstergesicht auf, weil er ein beglückendes Gefühl in sich spürte, das auch die Menschen kannten: das Gefühl, gute Freunde zu haben.

An diesem Nachmittag versuchten die drei, nicht daran zu denken, dass es vielleicht ihr letzter gemeinsamer Nachmittag mit Gregor war. Sie spielten, erzählten und alberten um die Wette. So laut, dass irgendwann Kathis Mutter ins Zimmer kam und von dem Anblick zweier auf dem Bett wühlender, kreischender und lachender Kinder so überrascht war, dass sie den blitzschnell hinter die Gardine huschenden Gregor nicht wahrnahm.

„Es ist gleich sechs Uhr, Thorsten. Ich glaube, du solltest nach Hause gehen, sonst machen sich deine Eltern Sorgen."

Thorsten nickte.

„Bringst du deinen Gast zur Tür, Kathi? Danach kannst du dein Zimmer aufräumen und guck mal, wie knubbelig die Gardine hängt."

„Ja, sicher!", sagte Kathi schnell und drängte alle aus ihrem Zimmer.

Beim Hinausgehen sagte Kathis Mutter zu Thorsten: „Du kannst dich ja mal wieder blicken lassen!", und lächelte freundlich.

„Du hast das Herz meiner Mutter gewonnen, Thorsten!"

„Kathi, sei nicht so vorlaut!" Aber es klang nicht böse. Thorsten drehte sich unten auf dem Weg noch einmal um und winkte. Es erinnerte Kathi daran, wie Thorsten ihr zum ersten Mal zugewunken hatte, damals im Zoo. Es kam ihr vor, als sei das schon eine Ewigkeit her. Sie winkte zurück.

105

Beim Abendbrot sagte Mama zu Papa: „Deine Tochter hatte heute Besuch, Männerbesuch!" Dabei lächelte sie schelmisch. Ihr Vater schaute auf: „Bernd, nehme ich an."

„Nein, besser! Thorsten!"

„Wer ist Thorsten?", Papa wurde aufmerksam.

„Mama, was soll das? Mach nicht so eine Geschichte daraus!" Kathi war ärgerlich.

„Thorsten ist der nette Junge, den wir im Zoo gesehen haben", antwortete ihre Mutter.

„Der Muffel, der kaum die Zähne auseinander bekommt?"

Sie nickte. „Oh, diesmal hat er sich zu Wort gemeldet. Es ging recht turbulent zu in Kathis Zimmer. Leider mag er nicht deine Biersorte. Aber sonst ist er ganz nett. Findet vor allem deine Tochter."

„Mama, hör jetzt auf! Das war alles nur Spaß!"

„Weiß ich doch, mein Schatz!" Sie strich Kathi über den Kopf.

Dann erzählte Papa irgendwas Langweiliges aus seiner Firma. Kathi stand auf. „Ich gehe ins Bett! Morgen machen wir einen Ausflug und ich habe irgendwie das Gefühl, dass es sehr anstrengend werden wird."

„Wohin geht denn der Ausflug?", fragte Papa interessiert.

„In eine alte Burg."

„Na, dann lass dich mal nicht vom Burggespenst erschrecken."

Nur Mama und Papa lachten.

Kapitel 9

Nicht zu kalt

Hektisch begrüßte Herr Sennefeld alle Kinder auf dem Schulhof: „Nun macht mal zacki zacki! Der Bus wartet schon!"
Kathi quetschte sich mit ihrem Rucksack voller Trinkpäckchen und Süßigkeiten, zwischen denen sich Gregor versteckt hielt, durch die schmale Bustüre. Die meisten anderen Kinder saßen schon auf den Plätzen und schrien und alberten in Höchstlautstärke.
„So, jetzt fehlen nur noch unsere Spezialisten." Damit waren Markus, Tobias und Dennis gemeint. „Dann können wir los! Hoffentlich sind die bald da, sonst kommen wir zu spät zur Führung im Burgmuseum!" Herr Sennefeld, sonst in allen Situationen der ruhigste Lehrer der Welt, war nervös.
Tina hatte Kathi einen Platz freigehalten, der aber weit weg von Thorstens Platz lag. Thorsten drehte sich kurz um und lächelte sie an. Sofort wurde es Kathi wieder wohlig warm im Bauch. Aus lauter Freude haute sie Tina mit dem Ellbogen in die Seite und rief: „Na, alles klar im Karton?"
„Tickst du noch sauber?", war Tinas Antwort. „Was haben sie dir denn ins Frühstück gemischt?" Dabei rieb sie sich die Seite und schüttelte den Kopf.
„Wenn du's genau wissen willst", sagte Kathi nun deutlich leiser und beugte sich zu Tina hinüber, „ich glaube, ich bin verknallt!"
Tina machte große Augen. „In wen? Sag!"
„Mensch, leise! Das muss doch nicht jeder hören!"

„Also, wer ist es?", flüsterte Tina in verschwöreri-
schem Flüsterton. „Markus?"

„Bist du wahnsinnig! Eher gehe ich ins Kloster als mit
diesem Idioten!" Kathis Stimme wurde noch leiser:
„Thorsten."

„Thorsten?", brüllte Tina und hatte das Flüstern vergessen. Als Antwort spürte sie wieder einen Hieb in
der Seite. „Schrei nicht so, verdammt noch mal!"

„Mensch Leute, geht das hier auch ein bisschen leiser? Man versteht sein eigenes Wort nicht mehr!" Herr
Sennefeld schaute wieder aus dem Busfenster, aber
seine drei 'Spezialisten' waren immer noch nicht zu
sehen.

Ob sie sich nicht trauten in die Schule zu gehen, weil
sie die Strafarbeiten nicht gemacht hatten, fragte sich
Kathi. Aber dann sah sie sie auf den Bus zulaufen.
Jetzt würde alles herauskommen.

Kathi spürte ein Kribbeln im Körper. Was sollte sie sagen, wenn Herr Sennefeld sie zur Rede stellte? Sollte
sie antworten: „Gregor, mein Freund im Tornister, hat
sich einen Scherz erlaubt!", oder besser: „Ich glaube,
Tobias, Markus und Dennis hatten eine Erscheinung.
Vielleicht sollten sie die drei mal zum Schularzt schicken!", oder lieber die Wahrheit: „Ich habe ein Gespenst, das hat uns gerettet. Es ist ungefähr 700 Jahre
alt und kann alle Stimmen nachahmen."

Nein, sie konnte sagen, was sie wollte, Herr Sennefeld
würde sie – und Thorsten – für verrückt erklären oder
Herr Sennefeld würde sie ganz einfach ausschimpfen,
weil er meinte, sie wollten sich über ihn lustig machen.
Panik kroch in Kathi hoch.

Die Nachzügler sprangen in den Bus. Herr Sennefeld empfing sie ungeduldig: „Na, haben die Herren ausgeschlafen?" Die Klasse lachte. „Oder habt ihr darauf gewartet, dass wir euch zu Hause abholen?" Markus, Dennis und Tobias standen stumm vor ihrem Lehrer. „Menschenskind, wieso lasst ihr uns so lange warten? Wahrscheinlich kommen wir wegen euch noch zu spät zur Führung! Das gibt's doch nicht!" Die Jungen murmelten irgendwas vor sich hin und setzten sich auf die Plätze. Dann kramten sie in ihren Rucksäcken und hielten ihm Hefte unter die Nase, die Herr Sennefeld geistesabwesend an sich nahm, wobei er nur hastig sagte: „Setzt euch endlich, damit wir losfahren können!"
Kathi bemerkte Thorsten, der sich zu ihr umgedreht hatte und aus aufgeblasenen Backen Luft herausließ.

Aber Kathi wusste, die Gefahr war noch nicht gebannt, denn sie sah Herrn Sennefeld eins der Hefte aufschlagen und die Stirn runzeln. Daraufhin wechselte er ein paar Worte mit Markus, die Kathi bei dem Krach der anderen Kinder leider nicht verstehen konnte. Sie sah Herrn Sennefeld den Kopf schütteln und kurz in ihre Richtung blicken. Blitzschnell wandte sie sich ab und starrte angestrengt aus dem Fenster.

Markus und Herr Sennefeld konnten das Gespräch nicht weiterführen, da der Bus plötzlich heftig bremste. Stau! Der Busfahrer fluchte und Herr Sennefeld schaute ihn vorwurfsvoll an. „Na, jetzt können wir die Führung endgültig vergessen!"
Viel wichtiger fand Kathi, dass Herr Sennefeld erst mal das Gespräch mit Markus vergessen hatte, aber sie

kannte ihren Lehrer; der vergaß nie etwas ...

Irgendwann erreichten sie dann doch das Burgmuseum. Herr Sennefeld bedeutete den Kindern, am Bus zu warten, während er herausfinden wollte, wie es nun weiterging.

Kurze Zeit später war er wieder zurück und erklärte, zur Museumsführung seien sie nun tatsächlich zu spät gekommen, aber man lasse nach einem netten älteren Herrn schicken, einem Rentner, der sich auch gut im Museum auskenne. Er würde bald eintreffen und sie durch das Museum führen.

Kathi schaute sich das Gebäude an und war beeindruckt. So hatte sie sich eine alte Burg vorgestellt: Ein großer Sandsteinbau mit wuchtigen Türmen, Bergfried und einem Graben rundherum. Hier konnte sich doch ein Burggespenst wohl fühlen, überlegte sie und merkte, dass sich Thorsten näherte.

„Ein würdiges neues Zuhause für Gregor, findest du nicht?", raunte er ihr zu und sie nickte. Er hatte das Gleiche gedacht wie sie.

In der Vorhalle wartete bereits der „ältere Herr", der sich als Herr Niederfahrenhorst vorstellte, sie freundlich mit „Liebe Kinderlein" begrüßte und sagte, sie sollten ihre Rucksäcke in den Schließfächern einschließen. Kathi schreckte auf. Wo sollte dann Gregor bleiben? Sie blickte Thorsten an, der nur mit den Schultern zuckte. „Na, toll! Wenn man mal Hilfe braucht ...", dachte Kathi, öffnete blitzschnell den Rucksack und bedeutete Gregor unter ihr Sweatshirt zu kriechen.

Sie wurden durchs Museum geführt. Jede Menge Gemälde von Männern mit langen weißen Perücken und in Röcken oder Pumphosen hingen an den rohen Wänden der schummrig beleuchteten Gänge. Zwischendurch hielten Markus und einige andere Jungen die Hände vor den Mund und machten: „Buh! Ich bin ein Gespenst!" Die Mädchen kreischten dann affig auf, was die Jungs noch mehr ansporne, bis Herr Sennefeld genug hatte und ein Machtwort sprach. Aber der Museumsführer, Herr Niederfahrenhorst, meinte nur: „Ach, lieber Herr Lehrer, was gibt es Schöneres, als sich vorzustellen, dass es in so einer alten Burg spukt? Das ist doch für Kinder viel interessanter als so manch andere Sachen, die sie hier erfahren können." Er lächelte verschmitzt und sagte noch: „Und bisher hat noch keiner beweisen können, dass es keine Burggespenster gibt ..."

Herr Sennefeld staunte über die Worte des Museumsführers und die Kinder fanden Herrn Niederfahrenhorst ein ganzes Stück netter als noch vor wenigen Minuten. Tatsächlich ließen es die Jungen eine Zeit lang bleiben, blöde Faxen zu machen und Herr Niederfahrenhorst erklärte, dass es diese Burg schon seit ungefähr 700 Jahren gab. Ritterrüstungen wiesen darauf hin, dass die Burgbesitzer tapfere Ritter gewesen sein mussten. Er wolle ihnen nun die Verliese zeigen; das würde sie sicher besonders interessieren.
Sie gingen einige Stufen hinab in ein Gewölbe, in dem es ausgesprochen muffig und feucht roch, wie Kathi fand. Alle Kinder waren unmerklich leiser geworden, als sie die ersten Ketten an den Wänden sahen, an denen wohl die Gefangenen einst gefesselt waren und

nach Wasser gejammert hatten. Herr Niederfahrenhorst meinte, in diesen Teil der Burg kämen nur selten Besucher, da es hier doch etwas unheimlich sei.

Thorsten beugte sich zu Kathi und flüsterte ihr ins Ohr: „Einem Gespenst könnte es hier gefallen, glaube ich." Kathi nickte. Nur leider waren hier zu viele Kinder in ihrer Nähe, um Gregor, unbemerkt entwischen zu lassen.

Plötzlich hörten sie jemanden „Juhuh! Buhuu!" rufen und alle – einschließlich Herrn Sennefeld – zuckten zusammen.

„Leute, was soll ...", begann Herr Sennefeld, kam aber nicht weiter, weil sie nun ein schauriges Lachen hörten, das aus den Mauern heraus zu tönen schien, und Kathi bekam eine Gänsehaut. Obwohl keiner sie dazu aufgefordert hatte, strömten die Kinder panisch Richtung Treppenaufgang. Herr Sennefeld eilte hinterher. Der Museumswärter schien einen Augenblick zu zögern, dann sah er Kathi kurz an, lächelte und folgte den anderen.

Kathi blieb zurück und schaute Herrn Niederfahrenhorst erstaunt hinterher. Warum hatte er gelächelt? Und warum kam ihr der Name so bekannt vor? Zum Grübeln war jetzt keine Zeit. Sie zupfte Thorsten am Ärmel und raunte ihm zu: „Bleib!" Thorsten verstand.

Auf einmal waren sie allein in dem dunklen Verlies, Kathi, Thorsten und Gregor. Kathi pochte das Herz bis zum Hals, einmal, weil es hier unten wirklich unheimlich war, wo jeder Schritt und jedes Geräusch widerhallte, zum anderen, weil sie wusste, dass ein Abschied nahte, der Abschied von Gregor.

„Deine Klasse ist ein bisschen schreckhaft", grinste Gregor, der unter dem Sweatshirt hervorspähte und sich auf einen Mauervorsprung setzte.

„Du kannst es einfach nicht lassen, Unfug zu machen, Gregor!", schimpfte Kathi, drohte mit dem erhobenen Zeigefinger und grinste.

„Kathi und Thorsten, ich habe es nicht für möglich gehalten, aber euer Museum scheint wirklich der rechte Ort zu sein. Eine richtige schöne, alte Burg, nicht zu einsam mit den vielen Besuchern, und nachts habe ich sämtliche Gemächer für mich alleine ... Ja", Gregors kleiner Gespensterkopf schaute sich dabei nach allen Seiten um, „ich habe ein bisschen das Gefühl, zu Hause zu sein. Es erinnert mich irgendwie an vergangene Zeiten."

„Ist es dir hier nicht zu kalt?", fragte Thorsten zweifelnd.

„Kalt? Nein! Ich weiß gar nicht, was Kälte ist. Ich kann ja weder frieren noch schwitzen."

„Ach Gregor, ich weiß so wenig von dir! Ich müsste dich noch so viel fragen ...", Kathi seufzte.

„Frag doch!", meinte Gregor.

„Wir müssen uns beeilen", warf Thorsten dazwischen. „Herr Sennefeld wird schnell merken, dass wir fehlen."

„Du hast Recht!", meinte Kathi, dann wandte sie sich wieder Gregor zu: „Leb wohl, Gregor! Bleib ein gutes Gespenst! Und ...", sie holte tief Luft, „vergiss uns nicht!"

„Wie kann ich euch je vergessen, Kathi?", antwortete Gregor und er schaute sie mit seinen schönen dunkelbraunen Augen liebevoll an. „Ihr seid meine Freunde! Und Gespensterfreundschaften halten ein ganzes Gespensterleben – also ewig!" Und dann, mit der quengeligen Stimme von Mona: „Geisterstunden sollte man in Burgen verbieten!"

Alle lachten.

„Du wirst mir fehlen, Gregor", sagte Kathi leise und fand es schade, dass man ein Gespenst nicht in den Arm nehmen konnte.

„Ich glaube, ich werde mein neues Zuhause jetzt einmal genauer erkunden." Gregor winkte ihnen zu und entschwebte in die Dunkelheit des Verlieses.

„Kommt mich mal besuchen!", hallte es aus den Mauern.

„Machen wir!", rief Thorsten. Er stellte sich ganz nah neben Kathi, die sich an ihn lehnte. Dabei berührten sich für einen Moment ihre Hände. Kathi hielt den Atem an. Das Blut donnerte wie ein reißender Fluss durch ihren Kopf. Sie wagte nicht, Thorsten anzusehen.

„Wenn wir wollen", sagte Thorsten und löste sich von Kathi, „können wir Gregor jederzeit besuchen. Das ist doch irgendwie ein Trost."

„Und Gregor bleibt unser Geheimnis!", meinte Kathi. Plötzlich fühlte sie sich leicht und frei. Sie rief in die Tiefen des Verlieses: „Und mach nicht so viel Blödsinn im Museum!"

Statt einer Antwort hörten sie eine Stimme hinter sich: „Wer soll nicht so viel Blödsinn machen?" Herr Sennefeld schaute Thorsten und Kathi verwirrt an. „Wir suchen euch schon überall."

Kathi und Thorsten brachten kein Wort heraus, so erschrocken waren sie. Herr Sennefeld strich den beiden über die Köpfe. „Na, dann kommt mal nach oben! Die anderen warten schon!"

Auf der Treppe blieb Herr Sennefeld noch einmal stehen und sagte: „Also, ich habe jetzt nicht gesehen, mit wem ihr gesprochen habt. Hm! Aber da ist es mir vielleicht gegangen wie Markus! Markus hat mir auch eine ziemlich wirre Geschichte erzählt ..."

Herr Sennefeld schaute abwechselnd von einem zum andern. „Ihr habt da nicht zufällig eine Erklärung?"

Thorsten und Kathi blickten sich an. Dann sagte Kathi: „Ach, Herr Sennefeld, mit wem sollen wir denn gesprochen haben? Es war ja außer uns keiner zu sehen. Oder meinen Sie, es war ein Gespenst? Wir haben einfach nur ein bisschen Spaß gemacht in dem gruseligen Verlies. Und Markus sollte man besser auch nicht alles glauben, oder?"

„Ja", meinte Herr Sennefeld und kratzte sich am Kinn. „Vielleicht hat Markus auch einfach nur ein bisschen Spaß gemacht. Alle haben hier unheimlichen Spaß, nur ich kriege hier, glaube ich, nicht alles mit." Herr Sennefeld trottete nach oben und Kathi und Thorsten folgten ihm.

Als sie fast oben waren, drehte sich Herr Sennefeld um und sagte: „Tolle Mathearbeit übrigens, Thorsten, nur ein Fehler! Klasse! Zufällig" – er betonte das Wort 'zufällig' – „zufällig der gleiche Fehler wie bei Kathi." Dabei schaute er Thorsten in die Augen. Dann, nach einer Pause: „Und der gleiche Fehler wie bei Tina." Nun schaute er Kathi an und hob leicht die Augenbrauen. „Ein paar Sachen kriege ich eben doch noch mit ..."

Sie waren fast bei der Gruppe angelangt, als Herr Sennefeld scheinbar zu sich selber sagte: „Manchmal glaube ich, es geht nicht mit rechten Dingen zu in unserer Klasse ..."

Herr Niederfahrenhorst nahm die Führung durch das Museum wieder auf, aber Kathi und Thorsten dachten nur an Gregor. Sie ließen ihre Blicke durch die Burg schweifen, in der Hoffnung, ihn irgendwo zu entdecken. Aber er blieb verschwunden.
Wieder in der Eingangshalle angelangt, verabschiedete sich Herr Niederfahrenhorst von Herrn Sennefeld und den Kindern: „Ich hoffe, es hat euch gefallen, Kinder! Ihr habt gut zugehört und vielleicht auch ein bisschen über das Leben auf einer Burg vor vielen hundert Jahren gelernt. Tut mir Leid, dass ihr das Burggespenst nicht gesehen habt. Aber ihr wisst ja, nur weil man es nicht sieht, heißt es nicht, dass es nicht da ist."
Alle Kinder lachten, alle außer Kathi und Thorsten. Dann bemerkte Kathi, dass Herr Niederfahrenhorst sie wieder so geheimnisvoll anschaute. Warum starrte er sie nur immer an? Niederfahrenhorst, Niederfahrenhorst. Wieso kam ihr dieser Name bloß so bekannt vor?
Und plötzlich fiel es ihr ein. Sie klatschte sich mit der Hand gegen die Stirn: „Gregor von Gutenbrink aus dem Hause derer von Niederfahrenhorst!"
Thorsten guckte sie verständnislos an. „Was ist?", fragte er.
„Ach, ich bin nur plötzlich ganz sicher, dass Gregor ein schönes Zuhause gefunden hat", sagte Kathi, suchte den Blick von Herrn Niederfahrenhorst und lächelte zurück.

Hier gehen die Abenteuer von Gregor und Kathi weiter

Das kleine Gespenst Gregor wohnt im Museum der Burg Kummerschreck. Eines Nachts stehlen Diebe ein Gemälde aus der Burg und bringen es in eine geheimnisvolle Galerie nach London.
Was niemand weiß: Dies ist kein gewöhnliches Gemälde, sondern der Graf Wilhelm von Wiesenfeld wurde in das Bild hineingezaubert! Gregor folgt den Dieben in der Hoffnung, den Grafen noch retten zu können.

Ein Glück, dass Kathis Klassenfahrt zur gleichen Zeit nach London führt. Zusammen mit der Kummerschreck-Bande stürzen sich Kathi und Gregor in ein neues Abenteuer.

Eine spannende Fortsetzung des Taschenbuches „Appetit auf Blutorangen"!

Taschenbuch, ab 8 Jahren, 220 Seiten
Best.-Nr.: LI14, EUR 7,50 / SFr 14,00
ISBN 978-3-936577-85-3

Handpuppe „Gregor"
weicher Plüsch, waschbar, zertifiziert, sowohl für Kinder- als auch Erwachsenenhände geeignet
ca. 25 cm hoch
Best.-Nr.: Z50, EUR 9,90 / SFr 18,50
ISBN 42-6013377-050

Guido Kasmann

1959 in Köln geboren, hat zum Schreiben durch seine Kinder gefunden, denen er früher abends am Bett selbst erfundene Geschichten erzählte. Irgendwann begann er, sie aufzuschreiben.

Guido Kasmann hat zwei Kinder und lebt in Niederkrüchten am Niederrhein. Er ist Grundschullehrer und am Studienseminar für die Primarstufe in Mönchengladbach für die Ausbildung im Fach Musik zuständig.

In seiner Freizeit macht er Musik, liest und unternimmt Ausflüge in die Natur.

Wenn er gefragt wird, warum er für Kinder schreibt, sagt er: „Alles in mir und an mir ist erwachsener oder einfach älter geworden, nur ein Teil meiner Fantasie nicht – und der erzählt mir meine Geschichten."

Erfahren Sie mehr über den Autor auf *www.GuidoKasmann.de*

Gundra Kucy

ist gebürtige Dresdnerin, wuchs aber in Schleswig-Holstein auf. Sie besuchte eine Kunstschule in Hamburg, wo sie Grafik studierte.
Gundra illustriert „schon ewig" Kinderbücher. Es begann mit „Gute-Nacht-Geschichten" für ihre Tochter Joanna, die sie dann auch niederschrieb.

Seitdem hat sie nun schon etliche Kinder-, Jugend- und Schulbücher illustriert. Die meisten davon für einen Verlag in Kanada, wo sie mit ihrem kanadischen Mann in Edmonton lebt.

Nun folgt sie der „Musik ihres Herzens" als Freiberufliche, indem sie illustriert, schreibt und malt, wenn sie nicht gerade draußen zwischen ihren geliebten Blumen herumwerkelt.

Christa, die Schildkröte, würde so gerne den Osterhasen bei ihrer Arbeit helfen. Dieses Jahr schaffen die Hasen die Arbeit nicht alleine – und Christa bekommt eine Chance. Aber eine Osterschildkröte? Der junge Hase Markus Mümmel ist wütend und eifersüchtig, dass die anderen Christa aufnehmen und ihre Eiermalerei bewundern. Er spielt ihr einen Streich – und bringt sie damit in Gefahr. Christas Rettung wird zu einem gefährlichen Abenteuer ...
Eine spannende, komplett farbig illustrierte Geschichte über Ostern, Vorurteile und Freundschaft!

Guido Kasmann / Peter Schnellhardt
Bilderbuch **„Die Osterschildkröte"**
EUR 5,90 / SFr 11,00
64 S., Best.-Nr.: LI20
ISBN 978-3-86740-027-5

Sandy van der Gieth / Christiane Stedeler
Osterprojekt zu „Die Osterschildkröte"
3.–4. Kl., 36 S., A4-KV,
EUR 11,50 / SFr 21,40
Best.-Nr.: PA79, ISBN 978-3-86740-034-3

Bastian ist verzweifelt. Das Christkind hat im Schrank der Eltern eine Gitarre versteckt. Wieso eine Gitarre? Er hatte sich doch ein Raumschiff zum Selberbauen gewünscht! Da muss ein Irrtum vorliegen.
Ein Riesenirrtum. Ganz eindeutig. Oder?
Diese und drei weitere **witzige Geschichten** begleiten Ihre Klasse durch die Adventszeit.
Zum Selberlesen und Vorlesen – zum Schmunzeln, Lachen und Nachdenken. Mit fantastischen Farbillustrationen, Lesebändchen und **Golddruck** auf dem Einband!

Guido Kasmann
Hardcover **„Kein Raumschiff im Schrank"**
EUR 12,90 / SFr 23,80 • 80 S., Best.-Nr.: LI27
ISBN 978-3-938458-83-9

Tiziana Fidelia Rigoletta Furiosa ist eine kleine Hexe. Ihre Hütte ist voller Sachen, die die Menschen in ihrem Wald liegen gelassen haben. Und nun – nach 200 Jahren – will sie einmal richtig aufräumen und sauber machen. Also reist sie mit ihrem Raben Friedwart in die Menschenwelt, um die Sachen wieder zurückzubringen.
Das ist aber gar nicht so einfach ...

Denn die Menschen reagieren anders, als Tiziana sich das vorgestellt hat. Und dann kommt es auch noch zu fehlklängigen Zauberschwingungen ...
Ein Kinderroman mit Lachgarantie!

Guido Kasmann
Taschenbuch
„Hexenmüll"
EUR 7,50 / SFr 14,00
224 S., Best.-Nr.: LI15
ISBN 978-3-936577-88-4

Jennifer Eimers / Guido Kasmann
Literaturprojekt zu „Hexenmüll"
3.–5. Kl., 64 S., A4-KV,
EUR 15,90 / SFr 28,00
Best.-Nr.: LP46, ISBN 978-3-938458-39-6